新时代智库出版的领跑者

中社智库 国家智库报告 2024（3） National Think Tank

经济

文化遗产保护与传承研究

夏杰长 宋瑞 金准 等著

RESEARCH ON PROTECTION AND INHERITANCE
OF CULTURAL HERITAGE

中国社会科学出版社

图书在版编目(CIP)数据

文化遗产保护与传承研究/夏杰长等著. —北京：中国社会科学出版社，2024.3（2024.11重印）
（国家智库报告）
ISBN 978-7-5227-3262-6

Ⅰ.①文⋯　Ⅱ.①夏⋯　Ⅲ.①文化遗产—保护—研究—中国　Ⅳ.①K203

中国国家版本馆 CIP 数据核字（2024）第 057863 号

出 版 人	赵剑英
责任编辑	周　佳
责任校对	李　莉
责任印制	李寡寡

出　　版	中国社会科学出版社
社　　址	北京鼓楼西大街甲 158 号
邮　　编	100720
网　　址	http://www.csspw.cn
发 行 部	010-84083685
门 市 部	010-84029450
经　　销	新华书店及其他书店

印刷装订	北京君升印刷有限公司
版　　次	2024 年 3 月第 1 版
印　　次	2024 年 11 月第 2 次印刷

开　　本	787×1092　1/16
印　　张	10.75
字　　数	145 千字
定　　价	68.00 元

凡购买中国社会科学出版社图书，如有质量问题请与本社营销中心联系调换
电话：010-84083683
版权所有　侵权必究

摘要： 文化遗产是人类在漫长历史上遗留下来的精神财富和文化瑰宝。中华文化之博大精深，主要体现于留存下来的各种有形或无形的文化遗产之中。在新时代新征程上，要以习近平文化思想为指引，努力做好文化遗产保护与传承。文化遗产保护与传承是当今世界文化领域面临的重大挑战和机遇。随着全球化和城镇化的加速，人们在追求现代化的同时，也面临文化多样性和传承的危机。如何保护和传承文化遗产既是建设中华民族现代文明的重要内容，也是全球共同关注的热点问题。

文化遗产，既包括具有纪念性的可移动文物和不可移动文物，也包括具有典范性的文物，以及体现文化多样性的非物质文化遗产。本书围绕文化遗产保护与传承构建起规范的分析框架，形成学理化的思想表达和对中国经验普遍意义的科学阐释，并根据建设社会主义文化强国的目标、特征与本质要求，确立其价值导向和目标体系，还在借鉴各国普遍经验和立足中国具体国情的基础上，从主体、客体、载体、制度、机制、效果等不同维度出发，构建系统性的文化遗产保护与传承体系。

数字技术正在让文化遗产"活起来"，让传统文化以多媒体、交互性和个性化的方式呈现出来，传统文化的生命力被极大激活，很好地满足了当代社会对文化的多样化需求，为历史文化增添时代价值与社会意义。为此，要发挥政府在文化遗产数字化保护中的主导作用，强化制度保障，推动数字技术的法制化进程，避免损害文化遗产珍贵的历史文化价值。加强数字文物保护、数字文物修复等技术研发，提高数字文物的展示和保护水平。高度重视数字赋能非物质文化遗产保护利用。深化数字场景应用，开发虚拟现实（VR）、增强现实（AR）等技术在文化遗产游览中的应用，将数字技术应用于各个环节，包括门票预订、导览解说、展品展示等，提高游客的参观体验。通过VR、AR等技术手段，还原历史场景，帮助游客更好地理解和感受文化遗产的价值。

在全球化日益深入的背景下,需要积极学习国外的先进技术并借鉴其优秀的实践案例,真正实现数字技术突破时间、空间等限制,促进文化遗产保护与传承的目标,推动全球优秀文化遗产资源共享。只有世界各国共同合作,综合利用各类数字技术并共享资源,才能更好地保护与传承优秀文化遗产,为共建人类命运共同体注入文化遗产力量。

关键词:文化遗产;文物;非物质文化遗产;数字技术;保护与传承

Abstract: Cultural heritage is the spiritual wealth and cultural treasures left behind by human beings in the long history. The profoundness of Chinese culture is mainly reflected in various tangible or intangible cultural heritage that has been preserved. In the new era and journey, we should take Xi Jinping Thought on Culture as the guide and strive to do a good job in the protection and inheritance of cultural heritage. The protection and inheritance of cultural heritage is a major challenge and opportunity in the world cultural field today. With the acceleration of globalization and urbanization, people are facing crises of cultural diversity and inheritance while pursuing modernization. How to protect and inherit cultural heritage is not only an important content of building a modern civilization of the Chinese nation, but also a hot issue of global concern.

Cultural heritage includes both movable and immovable objects with commemorative significance, as well as typical cultural relics and intangible cultural heritages that reflect cultural diversity. This book builds a normative analytical framework around the protection and inheritance of cultural heritage, forming academic ideological expression and scientific interpretation of the general significance of Chinese experience. According to the goals, characteristics, and essential requirements of building a country with a strong socialist culture, it establishes its value orientation and target system. Based on learning from the general experience of various countries and China's specific national conditions, it constructs a systematic protection and inheritance system for cultural heritage from different dimensions such as subject, object, carrier, institution, mechanism, and effect.

Digital technology is making cultural heritage "come alive".

Traditional culture is presented in a multimedia, interactive, and personalized way, and its vitality is greatly activated. It meets the diverse cultural needs of contemporary society and adds time value and social significance to historical culture. To this end, we should give play to the leading role of the government in protection of digitization of cultural heritage, strengthen institutional guarantees, promote the legalization of digital technology, and avoid damaging the precious historical and cultural value of cultural heritage. We should strengthen research and development in digital protection of cultural relics, digital restoration of cultural relics, and other technologies, and improve the level of digital display and protection of cultural relics. We highly value the application and utilization of digital technology in the protection of intangible cultural heritage. Deepen the application of digital scenarios, develop VR and AR-based tours for cultural heritage, apply digital technology to all links, including ticket booking, guide interpretation, exhibit display, etc., to enhance the experience of tourist visits. Through VR、AR and other technical means, restore historical scenes to help tourists better understand and appreciate the value of cultural heritage.

Against the backdrop of deepening globalization, it is necessary to actively learn foreign advanced technologies and draw on their excellent practical cases to truly achieve the goal of breaking through time and space restrictions with digital technology to promote the protection and inheritance of cultural heritage, promote global resource sharing of outstanding cultural heritage. Only when countries around the world work together, comprehensively utilize various digital technologies and share resources, can we better protect and inherit outstanding cultural heritage, injecting cultural heritage power into building a community with a shared future for mankind.

Key Words：Cultural heritage；Cultural relics；Intangible cultural heritages；Digital technology；Protection and inheritance

目 录

一 研究背景 ……………………………………… (1)
  （一）研究缘由 ………………………………… (1)
  （二）研究对象 ………………………………… (4)
  （三）思路框架 ………………………………… (6)
  （四）研究价值 ………………………………… (8)

二 发展现实 ……………………………………… (10)
  （一）理念认知 ………………………………… (10)
  （二）法律法规 ………………………………… (15)
  （三）管理体制 ………………………………… (17)
  （四）政策保障 ………………………………… (18)
  （五）国际参与 ………………………………… (21)
  （六）学理支撑 ………………………………… (23)

三 面临挑战 ……………………………………… (26)
  （一）认知偏差 ………………………………… (26)
  （二）原真性矛盾 ……………………………… (27)
  （三）过度保护与修复 ………………………… (28)
  （四）技术应用的欠缺 ………………………… (30)
  （五）传播形态单一 …………………………… (31)

四 国际经验 ……………………………………………… (33)
　　(一) 经验总结 …………………………………………… (33)
　　(二) 相关启示 …………………………………………… (48)

五 体系构建 ……………………………………………… (51)
　　(一) 文化遗产认知 ……………………………………… (51)
　　(二) 文化遗产管理体系 ………………………………… (56)
　　(三) 目标任务 …………………………………………… (63)
　　(四) 保障措施 …………………………………………… (67)

六 数字技术赋能文化遗产保护传承 ……………………… (69)
　　(一) 理论基础 …………………………………………… (70)
　　(二) 数字技术赋能文化遗产保护与传承 ……………… (72)
　　(三) 数字赋能文物保护利用：以石窟寺为例 ………… (88)
　　(四) 数字赋能非物质文化遗产保护利用：以传统
　　　　 工艺为例 …………………………………………… (105)

七 案例分析 ……………………………………………… (112)
　　(一) 文物活化案例 ……………………………………… (112)
　　(二) 非遗活化案例 ……………………………………… (132)

参考文献 …………………………………………………… (149)

后　记 ……………………………………………………… (157)

一　研究背景

文化是一个国家和民族的灵魂，是强国建设与民族复兴的强大思想力量。党的十八大以来，习近平总书记就文化建设的诸多根本性问题提出了具有原创性的新思想新观点新论断，形成了习近平文化思想。习近平文化思想的提出，为推动文化繁荣、建设文化强国、建设中华民族现代文明提供了思想遵循和方法指引。文化遗产是人类在漫长历史上遗留下来的精神财富和文化瑰宝。在新时代新征程上，如何以习近平文化思想为指引，继续做好文化遗产保护与传承，是值得深入研究的重要议题，也是本书期望系统回答的研究命题。

（一）研究缘由

1. 建设中华民族现代文明是新的文化使命

2023年6月2日，习近平总书记在文化传承发展座谈会上强调，"在新的起点上继续推动文化繁荣、建设文化强国、建设中华民族现代文明，是我们在新时代新的文化使命"[1]。在五千多年中华文明深厚基础上开辟和发展中国特色社会主义，把马克思主义基本原理同中国具体实际、同中华优秀传统文化相结合是必由之路。必须实现中华优秀传统文化的创造性转化和创

---

[1] 《习近平在文化传承发展座谈会上强调　担负起新的文化使命　努力建设中华民族现代文明》，《人民日报》2023年6月3日。

新性发展，将马克思主义基本原理同中华优秀传统文化相结合，才能更好地传承和弘扬中华文明，建设中华民族现代文明。

2. 文化遗产保护与传承是建设中华民族现代文明的重要内容

中国文化源远流长，中华文明博大精深。文化遗产是中华优秀传统文化的重要载体，蕴含着中华五千年文明的"根"与"魂"，传承保护好文化遗产能为建设中华民族现代文明提供精神力量和智力支持。正如习近平总书记在文化传承发展座谈会上所强调的，"只有全面深入了解中华文明的历史，才能更有效地推动中华优秀传统文化创造性转化、创新性发展，更有力地推进中国特色社会主义文化建设，建设中华民族现代文明"[①]。

3. 做好文化遗产保护与传承是实现"第二个结合"[②] 的重要体现

文化遗产既是历史的见证，反映了人类社会发展变迁的重要过程，也是献给未来的礼物。文化遗产的保护与传承不能仅仅是依靠过去，还需要依靠过去适应现在、推动未来，不断挖掘文化遗产在现代社会的新价值。在新的时代背景下，如何深入理解、阐释和发挥中华文明突出的连续性、突出的创新性、突出的统一性、突出的包容性、突出的和平性，如何更好地实

[①] 《习近平在文化传承发展座谈会上强调 担负起新的文化使命 努力建设中华民族现代文明》，《人民日报》2023年6月3日。

[②] 习近平总书记在庆祝中国共产党成立100周年大会上的重要讲话中提出"两个结合"，即"坚持把马克思主义基本原理同中国具体实际相结合、同中华优秀传统文化相结合"，是当代中国马克思主义理论的又一重大创新。对于"第二个结合"，党的二十大报告指出："中国共产党必须坚定历史自信、文化自信，坚持古为今用、推陈出新，把马克思主义思想精髓同中华优秀传统文化精华贯通起来、同人民群众日用而不觉的共同价值观念融通起来，不断赋予科学理论鲜明的中国特色，不断夯实马克思主义中国化时代化的历史基础和群众基础，让马克思主义在中国牢牢扎根。"

现"第二个结合",在更广阔的文化空间中,充分运用中华优秀传统文化的宝贵资源,探索面向未来的理论和制度创新是值得探究的重要命题。

4. 中国文化遗产保护传承取得显著成效并面临新的挑战

从古建筑、古遗址、石窟寺等不可移动文物到石器、陶器、玉器等可移动文物,从传统口头文学、传统曲艺、传统民俗等非物质文化遗产到历史文化名城名镇名村,这些丰富的文化遗产,既是中华传统文化的重要载体,也是坚定文化自信、建设文化强国的宝贵资源。党的十八大以来,中国文化遗产保护与传承工作取得显著成效。"像爱惜自己生命一样保护好文化遗产""让文化遗产活起来""实现中华优秀传统文化'创造性转化、创新性发展'"等理念深入人心。包括传统文物古迹、新兴文化遗产类型以及非物质文化遗产在内的文化遗产保护体系逐步完善,城市遗产、乡村遗产、工业遗产、文化景观、线性遗产、20世纪遗产等新的文化遗产类型不断涌现,长城、大运河、长征等国家文化公园以及国家考古遗址公园建设扎实推进。

由于文化遗产的复杂性和社会发展的动态性,中国在文化遗产保护与传承方面还存在一些不足,也面临新的挑战。例如,在文化遗产范围、类型、价值认知等方面,学术研究、政策文件、管理部门和社会公众之间还存在认知错位。对于如何平衡文化遗产的原真性与现实发展需要之间的矛盾,还缺乏社会共识。文化遗产保护机制有待完善,社会化参与程度整体不高,特别是在农村地区,各种文化遗产分属不同部门,难以有效协调。非物质文化遗产传承中"口传心授"的方式存在局限性,一部分非遗项目因为当代多元文化的冲击、消费者观念的转变、传承人的匮乏、项目创新乏力等濒临失传。伴随全球化和现代化的冲击以及生活节奏的加快,文化遗产同现代生活方式和生产方式的结合程度与结合方式有待拓展。上述问题与挑战的解决与应对，将是未来一段时期中国文化遗产保护传承的重要任务。

5. 亟须提炼文化遗产保护传承的中国经验和中国理论

如前文所述，经过长期实践，中国已经建立起从中央到地方的较为全面的文化遗产保护管理体系，覆盖了包括传统文物古迹、新兴文化遗产类型、非物质文化遗产在内的多元保护对象，文化遗产保护对象范畴不断扩大，新的遗产类型的出现要求保护理念不断更新。与此同时，在文化和旅游融合发展的大背景下，不断推进文化、文物、旅游等管理职能一体化，整合遗产资源，为探索符合中国国情的文化遗产保护利用之路奠定了良好基础。在中国式现代化的进程中，如何建设中华民族现代文明？如何完善符合中国国情、彰显文化自信的文化遗产保护传承体系？面对新的问题与机遇，如何用中国道理总结好中国经验，把中国经验提升为中国理论，在保护理念、管理方式、阐释利用、传承方式、学科建设等方面不断创新？这些都是值得探究的重要理论命题、实践命题和时代命题。

（二）研究对象

1. 物质文化遗产

物质文化遗产（又称"有形文化遗产"）是在历史上人类活动遗留下来的具有一定价值的物质，这也是传统意义上的"文化遗产"。按照联合国教科文组织《保护世界文化和自然遗产公约》对物质文化遗产的界定，属于下列各类内容之一者，可列为文化遗产：一是文物，即从历史、艺术或科学角度看，具有突出的普遍价值的建筑物、碑雕和碑画，具有考古意义的成分或结构、铭文、窟洞以及联合体；二是建筑群，即从历史、艺术或科学角度看，因其建筑的形式、同一性及其在景观中的地位，具有突出的普遍价值的单独或相互联系的建筑群；三是遗址，即从历史、审美、人种学或人类学角度看，具有突出的普遍价值的人造工程或自然与人联合工程以及考古遗址地带。

在中国，物质文化遗产是指具有历史性、艺术性和科学研究价值的文物实体，其中包括不可移动的文物、可移动文物以及历史文化名城等。不可移动文物涉及古遗址（如古长城）、古建筑（如明清故宫）、石窟寺（如云冈石窟）、石刻（如大足石刻）以及其他重要史迹（如秦始皇陵）等，可移动文物包括出土的艺术品、重要文献、图书资料、名家书画名迹等。历史文化名城则要求在建筑式样或宗教等方面具有审美和研究价值。

中国拥有两百万年的人类史、一万年的文化史、五千多年的文明史。在中国广袤土地上生活着56个各具特色的民族。中国物质文化遗产数量众多，至2013年6月，中国已有45处世界文化遗产，位居世界第二。悠长的历史文化和广阔的地理空间中留存下来诸多具有突出价值的碑刻、雕塑、书籍、书法、绘画、洞窟等历史文物和具有突出价值的建筑或建筑群以及各类文化遗址和人类遗迹。保护好、利用好这些丰富多样而宝贵独特的物质文化遗产是赓续中华文明、彰显文化自信的重要内容。

2. 非物质文化遗产

与物质文化遗产相对应，非物质文化遗产是指各族人民世代相传，并视为其文化遗产组成部分的各种传统文化表现形式，以及与传统文化表现形式相关的实物和场所。非物质文化遗产是文化多样性中最富活力的重要组成部分，是人类文明的结晶和最宝贵的共同财富，承载着人类的智慧、人类历史的文明与辉煌。根据联合国教科文组织《保护非物质文化遗产公约》的定义，非物质文化遗产是指被各社区、群体有时是个人，视为其文化遗产组成部分的各种社会实践、观念表述、表现形式、知识、技能以及相关的工具、实物、手工艺品和文化场所。非物质文化遗产在各社区和群体适应周围环境以及与自然和历史的互动中，被不断地再创造，为其提供认同感和持续感，从而增强对文化多样性和人类创造力的尊重。

根据《中华人民共和国非物质文化遗产法》，非物质文化遗产是指各族人民世代相传并视为其文化遗产组成部分的各种传统文化表现形式，以及与传统文化表现形式相关的实物和场所。具体包括以下六种形式：传统口头文学以及作为其载体的语言，传统美术、书法、音乐、舞蹈、戏剧、曲艺和杂技，传统技艺、医药和历法，传统礼仪、节庆等民俗，传统体育和游艺，其他非物质文化遗产。

2023年，中国申报的"中国传统制茶技艺及其相关习俗"在摩洛哥拉巴特召开的联合国教科文组织保护非物质文化遗产政府间委员会第17届常会上通过评审，列入联合国教科文组织人类非物质文化遗产代表作名录。至此，中国共有43个项目列入联合国教科文组织非物质文化遗产名录、名册，居世界第一。

综上所述，本书研究对象为文化遗产，其中既包括具有纪念性的可移动文物和不可移动文物，也包括具有典范性的文物，以及体现文化多样性的非物质文化遗产。

（三）思路框架

1. 研究思路

本书按照"应然—实然—使然"的逻辑线索展开研究。根据建设中华民族现代文明的目标，确立文化遗产保护与传承的价值导向和总体目标（应然），并分析其现实基础（实然），明确未来发展方向（使然）。在具体研究中，本书将理论逻辑、价值逻辑、历史逻辑和系统逻辑相结合，围绕文化遗产保护传承问题进行系统研究。就理论逻辑而言，围绕文化遗产保护与传承构建起规范的分析框架，形成学理化的思想表达和对中国经验普遍意义的科学阐释。就价值逻辑而言，将建设中华民族现代文明等作为文化遗产保护与传承的价值引领，根据社会主义文化强国的目标、特征与本质要求，确立其价值导向和目标体系。就历史逻辑而言，结合中国文化遗产保护传承探索中所积累的经验和形成的规律，基于文化遗产保护与传承的历史基础、现实条件，不断推进文化遗产保护与传承的创新发展。就系统逻辑而言，结合国情和各国的普遍经验，从主体、客体、载体、制度、机制、效果等不同维度出发，构建系统性的文化遗产保护与传承体系。

2. 研究框架

全书共分为七个部分。除研究背景外，分别从发展现实、面临挑战、国际经验、体系构建、数字技术赋能文化遗产保护传承和案例分析六方面进行探讨。

具体而言：一是从理念认知、法律法规、管理体制、政策保障、国际参与和学理支撑等方面对中国文化遗产保护与传承的简要历程和现实基础进行分析，并分析了其当下和未来所面临的诸多挑战；二是选择英国、意大利、法国、日本、韩国等国家，从法律法规、管理机制、社会参与、数字赋能等角度对其文化遗产保护和传承的典型进行系统梳理；三是围绕文化遗产价值认知、管理体系、传承体系、利用体系、创新体系和研究体系提出发展目标；四是选择山西保护低级别文物、杭州良渚古城遗址公园建设、故宫博物院让文物融入时代和生活、山东聂家庄通过发展泥塑实现非遗活化赋能乡村振兴、湖南韶山将非遗与红色旅游融合发展、广东潮汕英歌舞创新求变等典型案例进行全面分析；五是重点关注数字为何以及如何赋能文化遗产保护传承，并分别围绕四大石窟和诸多手工艺品分析数字技术在文物保护利用和非物质文化遗产保护传承中的应用。

（四）研究价值

1. 研究意义

文化遗产保护与传承是多学科交叉议题。本书一方面以辩证唯物史观为指引，基于中国的发展现实和国外的经验借鉴，深入思考并系统回答"为何以及如何推进文化遗产保护与传承"，从而形成原创性的研究成果；另一方面以基础理论研究做支撑，开展建立在基础理论研究之上的应用对策研究，形成兼具理论深度和实践效度的综合性研究成果。总体而言，本书内容既有理论分析，也有实践研究；既基于中国现实，也具有国际视野，以期充分体现智库研究的特点。

2. 研究价值

本书预期价值体现在以下三个方面。

一是学理价值。本书基于问题导向和目标导向，在全面介绍中国文化遗产保护与传承现实情况的基础上，提出要正确认识新时代文化遗产的科学内涵和核心价值，建立文化遗产保护体系、传承体系、创新体系、阐释体系、管理体系、研究体系六大体系，并形成良性互动。概言之，本书在理论层面提出中国文化遗产保护与传承六大体系良性互动机制。

二是实践价值。文明交流互鉴不仅推动着中华文明的发展，也为世界和平与人类进步做出重要贡献。本书基于实践逻辑和系统逻辑，一方面系统梳理了英国、意大利、法国、韩国、日本等国家在文化遗产保护传承特别是提升文化遗产活化程度和公众参与程度等方面的典型经验，以期为我们提供他山之石；另一方面特别遴选了中国各地在文物遗产以及非物质文化遗产保护传承方面的经典案例，以期总结出文化遗产保护传承方面的中国经验。概言之，本书在实践层面对国内外文化遗产保护与利用总体趋势和典型经验进行了系统总结。

三是前瞻价值。本书立足当下并面向未来，从文化遗产保护及修复、内涵挖掘、数据平台、展示与传播等方面分析了数字科技在文化遗产保护与传承领域的主要应用，并分别选择石窟和手工艺作为物质文化遗产和非物质文化遗产的代表，探究数字技术对其保护与传承的影响。概言之，本书在趋势层面重点关注数字科技在文化遗产保护传承方面的潜在作用和应用方向，以期为未来发展提供指引。

二 发展现实

（一）理念认知

1972年，联合国教科文组织颁布了《保护世界文化和自然遗产公约》，将文化遗产界定为从历史、艺术或科学角度看，具有突出的普遍价值的建筑物、碑雕和碑画、具有考古性质成分或结构、铭文、窟洞以及联合体；从历史、艺术或科学角度看，在建筑式样、分布均匀或与环境景色结合方面具有突出的普遍价值的单立或连接的建筑群；从历史、审美、人种学或人类学角度看，具有突出的普遍价值的人类工程或自然与人联合工程以及考古地址等地方。之后不断发展，又引入文化景观和口述及非物质遗产与之并立。2005年，《国务院关于加强文化遗产保护的通知》明确了文化遗产包括物质文化遗产和非物质文化遗产。物质文化遗产是具有历史、艺术和科学价值的文物，包括古遗址、古墓葬、古建筑、石窟寺、石刻、壁画、近代现代重要史迹及代表性建筑等不可移动文物，历史上各时代的重要实物、艺术品、文献、手稿、图书资料等可移动文物；以及在建筑式样、分布均匀或与环境景色结合方面具有突出普遍价值的历史文化名城（街区、村镇）。非物质文化遗产是指各种以非物质形态存在的与群众生活密切相关、世代相承的传统文化表现形式，包括口头传统、传统表演艺术、民俗活动和礼仪与节庆、有关自然界和宇宙的民间传统知识和实践、传统手工艺技能等以及与上述传统文化表现形式相关的文化空间。

1. 物质文化遗产

物质文化遗产是一类有形的、具有突出普遍价值的文物、建筑群和遗址，从历史、艺术、科学、审美、人种学或人类学的角度来看皆是如此。[①] 在中国正式成为《保护世界文化和自然遗产公约》缔约国之前，物质文化遗产研究占据着文化遗产研究领域的重要地位，此后，物质文化遗产保护、利用、管理和可持续发展的研究热度较高。近年来，中国物质文化遗产研究紧跟国内相关政策方针，"一带一路"、大运河、数字人文等方向成为新的研究热点。[②] 物质文化遗产具有延续文化脉络的基本功能，城乡丰富的物质文化遗产是城市、城镇和乡村历史文化的见证，也是其文化可持续发展的根基，对物质文化遗产进行保护、更新和利用能够有效推进城乡建设。[③] 值得特别强调的是，城乡物质文化遗产的保护与更新，应鼓励与当地居民进行协商、参与和共建。另外，物质文化遗产的实践和研究，不能对与之紧密联系的社会结构、精神场所和文化空间视而不见，不能忽略城乡物质文化遗产中所嵌合的非物质文化遗产或现象，应鼓励城市居民参与到城市更新及其精神场所的保护之中。

2. 非物质文化遗产

"非物质文化遗产"的表述出现在 1972 年联合国教科文组

---

① 高小燕、段清波：《传承与传播：物质文化遗产价值的可沟通性》，《人文杂志》2019 年第 2 期。

② 丁方、史蕊：《"一带一路"物质文化遗产的保存与修复研究》，《艺术百家》2017 年第 2 期；高晓芳、乔芳琦：《中国物质文化遗产的特点与传播研究》，《社会科学战线》2015 年第 8 期。

③ 施国庆、黄兆亚：《城市物质文化遗产的价值探析》，《特区经济》2009 年第 11 期；高晓芳、乔芳琦：《中国物质文化遗产的特点与传播研究》，《社会科学战线》2015 年第 8 期。

织《保护世界文化和自然遗产公约》的讨论提案中，但作为正式名称则确定于联合国教科文组织 2003 年 10 月 17 日通过的《保护非物质文化遗产公约》（以下简称《公约》），2006 年《公约》生效后成为法定用语。① 事实上，在非物质文化遗产这一专用名词诞生前，相关的文化现象存在多个用词的嬗递，诸如民俗、民间创作、口头遗产、非物质遗产等。② 当前，学界普遍认为非物质文化遗产（以下部分简称"非遗"）具有"活态性""社区性""公共性""身体性"的特点，且处于不断"建构"的过程之中。③

非物质文化遗产保护是全人类的一项共同活动和事业。自 2004 年中国正式成为《公约》缔约国后，中国非物质文化遗产的保护实践和研究进程加快，建立了"国家+省+市+县"四级非物质文化遗产名录体系和保护制度。2011 年，《中华人民共和国非物质文化遗产法》正式颁布，促使非遗保护政策向着更具实际性的保护措施转变，多围绕非遗档案、民族文化、数字化保护等方向展开。④ 文化空间是非物质文化遗产定义的重要组成部分。非物质文化遗产保护应从其本身的文化空间入手，对文化空间的活态性、传统性和整体性进行保护。⑤ 除从文化空

---

① 宋俊华：《非物质文化遗产概念的诠释与重构》，《学术研究》2006 年第 9 期。

② 巴莫曲布嫫：《非物质文化遗产：从概念到实践》，《民族艺术》2008 年第 1 期。

③ 韩成艳：《"非物质文化遗产"概念的理论建设尝试》，《广西民族大学学报》（哲学社会科学版）2020 年第 2 期；陶伟、蔡浩辉：《21 世纪以来中国非物质文化遗产研究回顾：兼谈地理学可能的贡献》，《热带地理》2022 年第 1 期。

④ 贾小琳、冯扬：《近三十年来我国文化遗产研究的知识图谱分析》，《西北民族大学学报》（哲学社会科学版）2022 年第 6 期。

⑤ 张博：《非物质文化遗产的文化空间保护》，《青海社会科学》2007 年第 1 期。

间的特征和属性角度进行保护外，借鉴自然保护区在地理空间上的分级保护思路，将文化空间划分为保护核心区、缓冲区和试验区，以实现非遗文化空间的分级保护。① 文化空间研究不能仅停留在对保护原则与方法的阐述上，应从地理性的"文化场所"认知转向具有文化意义的"隐喻性空间"，实行动态保护。② 当前，非物质文化遗产保护中出现的文化空间弱化现象需引起重视，在遵循整体性保护的框架下，可通过文化空间概念定义、保护形式和保护分类的明确化加以解决。③

中国历经多年的非物质文化遗产保护实践，目前已初步形成了包括政策法规、名录建设、传承认定、档案管理和数字应用等全方位的非遗保护机制。④ 在当前中央人民政府提出的创造性转化和创新性发展背景下，应遵循新时代非遗保护发展的内在规律，正确面对传统文化与现代文化交融的特点，探索并构建科学、创新、多元的非物质文化遗产保护之路。

非物质文化遗产的传承仍面临问题与挑战。非物质文化遗产作为一种"活的"遗产，孕育于特定的族群及其生活环境当中，并不断地在时代变迁下动态发展。相较于有形的物质文化遗产，非物质文化遗产的传承通常依靠人或群体的口传身授，

---

① 阚如良、汪胜华、梅雪：《非物质文化遗产的文化空间分级保护初探》，《商业时代》2010 年第 34 期。
② 张晓萍、李鑫：《基于文化空间理论的非物质文化遗产保护与旅游化生存实践》，《学术探索》2010 年第 6 期。
③ 陈震、王一鸣：《非物质文化遗产保护中的文化空间弱化现象分析》，《原生态民族文化学刊》2022 年第 1 期。
④ 刘露：《多中心治理下的非物质文化遗产保护模式探究》，《西北民族大学学报》（哲学社会科学版）2018 年第 3 期；马知遥、刘智英、刘垚瑶：《中国非物质文化遗产保护理念的几个关键性问题》，《民俗研究》2019 年第 6 期；易玲、肖樟琪、许沁怡：《我国非物质文化遗产保护 30 年：成就、问题、启示》，《行政管理改革》2021 年第 11 期。

具有相当的复杂性和不确定性。①《中华人民共和国非物质文化遗产法》的核心观点认为,"传承"是非物质文化遗产保护之根,"传承"是非物质文化遗产保护之魂。中国早期的非物质文化遗产传承主要采取"自上而下"的保护模式,在政府和专业机构的主导下,确立非遗传承的保护制度和运行机制。该模式从某种程度上积极推进了中国非物质文化遗产的传承和保护工作,但随着权威性话语与地方性文化实践互动的加深,不少学者开始呼吁对非遗传承名录、传承机制、传承模式进行再思考,试图解决非物质文化遗产传承中出现的新问题。②

3. 文化遗产保护与传承的关系

文化遗产保护与传承是紧密相连的,二者互为支撑、相互促进。保护是指采取各种措施保护文化遗产的完整性、真实性和可持续性,以防止其受到破坏、消失或被遗忘;而传承则是指将文化遗产的知识、技艺、价值观念等代代相传,使其在当代社会中得以发展。保护是文化遗产传承的基础,它涉及保护遗产的物质性和非物质性两方面。物质性方面包括修复、保护和维护文化遗产的实物,如建筑、艺术品和文物。非物质性方面则涉及保护和传承与文化遗产相关的技能、知识、传统和表达形式,如口头传统、舞蹈、音乐和传统手艺等。保护工作的目标是确保文化遗产的完整性、可持续性和可访问性。传承是保护工作的延续和发展,它强调将文化遗产传递给下一代,并使其继续发挥作用。传承不仅仅是简单地保存和传递遗产,还包括对遗产的研究、教育和推广。通过传承,我们可以更好地理解和欣赏文化遗产的价值,并将其融入现代社会中。保护与

---

① 林德荣、郭晓琳:《让遗产回归生活:新时代文化遗产旅游活化之路》,《旅游学刊》2018年第9期。

② 谭宏:《冲突与协调——中国非物质文化遗产名录制度的人类学反思》,《文化遗产》2016年第4期。

传承相互促进，共同推动文化遗产保护与传承工作的发展。保护为传承提供了可靠的基础，而传承则促进了保护工作的可持续性。为了有效保护和传承文化遗产，我们需要制定相关政策，加强管理机制，提升公众参与度，并利用科技手段来支持保护和传承工作。总之，保护与传承双重努力才能实现文化遗产的可持续发展，发挥其独特的价值和作用。通过保护文化遗产的物质和非物质方面，以及传承的研究、教育和推广工作，可以确保文化遗产的传承和再生，使其在当代社会中持续发展和发挥重要作用。

（二）法律法规

现阶段，中国的文化遗产保护立法在体系上采取的是国家立法与地方立法相结合的方式。其中，在国家立法层面，有《文物保护法》和《非物质文化遗产法》两部最重要的专业性法律以及其他法律规范，在地方层面主要是各地方政府结合地区文化遗产特色所制定的相关制度。1982年11月19日，第五届全国人民代表大会常务委员会第二十五次会议通过的《中华人民共和国文物保护法》是中国文化遗产保护的核心法律。该法明确规定了国家对文物的保护义务，鼓励社会参与文物保护，并设立了文物保护单位、保护区、保护区划等制度。2011年2月25日，第十一届全国人民代表大会常务委员会第十九次会议通过了《中华人民共和国非物质文化遗产法》。该法包括总则、非物质文化遗产的调查、非物质文化遗产代表性项目名录、非物质文化遗产的传承与传播、法律责任、附则六大部分，详细制定了45条法规，提升了中国非遗文化传承保护的立法高度。该法在当时极大地填补了中国非遗文化传承保护的法律空白，有力地保障并指导了全国自上而下对非遗文化的传承保护工作，具有一定的全面性、针对性、科学性。

与此相关的法规机制也在持续出台，1997年5月，国务院出台《传统工艺美术保护条例》。2005年3月，国务院颁发了《关于加强我国非物质文化遗产保护工作的意见》，要求政府在非物质文化遗产保护工作中发挥主导作用，建立协调有效的保护工作领导机制；地方政府要将保护工作列入重要工作议程，纳入国民经济和社会发展整体规划，纳入文化发展纲要。2005年12月，国务院再次颁布《关于加强文化遗产保护的通知》，明确非物质文化遗产保护要坚持"保护为主、抢救第一、合理利用、传承发展"的基本方针。2006年2月8日，国务院出台《关于加强文化遗产保护工作的通知》，决定从2006年起，每年6月的第二个星期六为中国的"文化遗产日"，还进一步明确了文化遗产包括物质文化遗产和非物质文化遗产。自此，保护传承非遗文化工作得到极大重视。2016年9月17日，国务院批复住房和城乡建设部《关于设立文化和自然遗产日的请示》，同意自2017年起，"文化遗产日"调整设立为"文化和自然遗产日"，主题更加偏重于非遗文化的宣传展示，意在倡导重视非遗文化的传承保护工作。比如，2023年"文化和自然遗产日"主题为"加强非遗系统性保护　促进可持续发展"。与此同时，各级地方政府近年来也开始通过立法授权或制定地方性规范文件，统一协调本地区的非物质文化遗产保护，例如云南、甘肃、海南等地的省级人民政府根据授权负责本地区非物质文化遗产保护工作，北京市人民政府于2006年出台的《关于加强本市非物质文化遗产保护工作的意见》《北京市文化局、北京市财政局关于加强我市非物质文化遗产保护工作的通知》等地方规章，进一步明确市政府在文化遗产法律保护中的职责。

2021年8月，中共中央办公厅、国务院办公厅印发了《关于进一步加强非物质文化遗产保护工作的意见》（以下简称《意见》），对中国非遗文化的传承保护工作提出新要求。《意见》要求健全中国非物质文化遗产保护传承体系、提高非物质文化遗产保护传承水平、加大非物质文化遗产传播普及力度等。再次强调了非遗文化传承保护的重大意义："非物质文化遗产是中华优秀传统文化的重要组成部分，是中华文明绵延传承的生动见证，是联结民族情感、维系国家统一的重要基础。保护好、传承好、利用好非物质文化遗产，对于延续历史文脉、坚定文化自信、推动文明交流互鉴、建设社会主义文化强国具有重要意义。"

（三）管理体制

中国目前的文化遗产管理体制是从无到有建立起来的。经过几十年的改革、摸索与实践，中国已初步形成了符合中国文化遗产资源特点的、以文博单位和风景名胜区及历史文化名城（镇、村）为代表的、以非物质文化遗产为补充的多层次的文化遗产保护体系；形成了公有制基础上的部门与层级相结合的、营利性和非营利性管理相结合的、多层委托代理关系管理的文化遗产管理体系；建立起以《文物保护法》为核心、以行政法规、部门规章和规范性文件为主体、以地方性法规为基础的文化遗产法律法规体系。中国文化遗产管理实行绝对的公有制，行政管理是主体。但在近些年的市场化进程中，营利性社会力量介入的影响越来越大。另外，随着公民社会的发育和党的十七大报告中"社会主义和谐文化在共建中共享、在共享中共建"精神的贯彻，非营利性社会力量对文化遗产管理的影响也与日俱增。

目前，营利性社会力量已经成为中国文化遗产管理体制的重要组成部分，已经使中国传统的单一的非营利的文化遗产管理体制逐渐转向以行政管理体制为主，非营利和营利性社会力量参与且以营利性社会力量参与为主的管理体制。在对遗产的产权进行分级、业务进行分类的基础上，实行所有权和经营权两权分离。行政管理体系拥有所有权,主要负责维持管理体制的执法、监督、日常维护(该三项属于保护活动)、科研、经济(包括传统管理体制下单位自己开展的经营活动,通过这些活动发挥文化遗产的教育功能和经济功能)。营利性社会力量拥有经营权,主要负责经营(与部分经济、教育功能相对应)和日常维护(包括一定程度的保护活动)。在中国,土地资源虽为国家所有,但人民和中央政府并不直接控制土地,主要通过行政管理的方式由中央向地方授权,由地方掌控着中国大部分的经济资源[①],尤其是土地资源、自然资源和文化资源的所有权、管理权与使用权。这种 M 型结构的分权管理模式使得地方政府在文化遗产保护利用方面具有较强的自主性和灵活性。总之,在中国的文化遗产管理体系中,行政管理是主体,且相关制度建设较为系统;而社会力量仍然是辅助性、参与性的,存在营利性社会力量介入不规范、非营利性社会力量介入不足的问题。

(四)政策保障

回顾 21 世纪以来中国文化遗产保护政策发展历程,可以看出在贯彻"保护为主、抢救第一、合理利用、传承发展"方针的基础上,经历了从实施"抢救工程""重点保护"到推动开展"生产性保护""活化性利用"的不同时期工作重点的转变。文化遗产的保护突破了纯公益性、消耗性的被动保护局限,创造性地提出了利用文化遗产的经济属性和社会价值进行"生产性保护"和"活化性利用"的策略,找到了中国文化遗产可持续发展的路径,为世界文化遗产保护提供了中国实践经验。中

[①] 付文军、王元林:《中国文化遗产中央直接管理的可行性分析》,《东南文化》2015 年第 3 期。

国非遗政策以党的十八大为节点可以分为两个阶段，前一阶段主要是基于对非遗价值的认识和生存前景的担忧，以"抢救性""保护传承"政策为主；后一阶段主要是基于对非遗经济价值的挖掘，贯彻"创造性转化和创新性发展"精神，以推动"合理利用"和"产业开发"为主。①

党的十八大前的非遗政策重点：从实施"抢救工程"到开展"重点保护"。21世纪初期，随着中国社会主义市场经济体制改革的推进，乡村城镇化进程的加快，民间文化遗产在没有受到任何法规保护的情形下，经受了毁灭性的冲击。2003年2月，文化部与财政部联合国家民族事务委员会、中国文学艺术界联合会启动了"中国民族民间文化保护工程"，2004年4月8日，文化部与财政部联合下发《关于实施中国民族民间文化保护工程的通知》，并印发附件《中国民族民间文化保护工程实施方案》。实施"中国民族民间文化保护工程"是这一期间保护工作的重点。2005年5月9日，文化部办公厅发布了《关于开展非物质文化遗产普查工作的通知》，2005—2009年，由文化部领导实施的全国非遗普查工作成效显著，基本摸清了各地区、各民族非遗的家底。据普查统计，中国有87万项非遗资源。同时，建立了"以人为本"的非遗代表性传承人保护制度。2007年，文化部办公厅印发了《关于推荐国家级非物质文化遗产项目代表性传承人的通知》；2010年11月22日，文化部办公厅印发了《关于加强国家级非物质文化遗产项目代表性传承人补助经费管理的通知》②；2019年，文化和旅游部正式印发了《国家级非物质文化遗产代表性传承人认

---

① 黄永林、李媛媛：《新世纪以来中国非遗保护政策发展逻辑及未来取向》，《民俗研究》2023年第1期。

② 文化部非物质文化遗产司主编：《非物质文化遗产保护法律法规资料汇编》，文化艺术出版社2013年版，第72页。

定与管理办法》①,并且建立了重点"文化生态保护区"制度。2007年,文化部设立了中国首个国家级文化生态保护实验区——闽南文化生态保护实验区;2010年2月10日,文化部印发了《关于加强国家级文化生态保护区建设的指导意见》②;2011年1月19日,文化部办公厅印发了《关于加强国家级文化生态保护区总体规划编制工作的通知》③;2019年3月1日起施行的《国家级文化生态保护区管理办法》,提出国家级文化生态保护区建设目标是"遗产丰富、氛围浓厚、特色鲜明、民众受益"④。

党的十八大后的文化遗产政策重点从推动"生产性保护"转变为支持"活化性利用"。党的十八大以来,按照习近平总书记"推动中华优秀传统文化创造性转化、创新性发展"的指示精神,中国非遗保护积极挖掘其经济价值,大力开展生产性保护和产业利用,为非遗保护开创了一条创新发展之路。2010年11月4日,文化部办公厅发布了《关于开展国家级非物质文化遗产生产性保护示范基地建设的通知》。2012年2月2日,文化部发布的《关于加强非物质文化遗产生产性保护的指导意见》提出,"生产性保护是指在具有生产性质的实践过程中,以保持非物质文化遗产的真实性、整体性和传承性为核心,以有效传承非物质文化遗产技艺为前提,借助生产、流通、销售等手段,

---

① 《国家级非物质文化遗产代表性传承人认定与管理办法》,2019年11月29日,中国政府网,http://www.gov.cn/gongbao/content/2020/content_5480488.htm。

② 文化部非物质文化遗产司主编:《非物质文化遗产保护法律法规资料汇编》,文化艺术出版社2013年版,第53页。

③ 文化部非物质文化遗产司主编:《非物质文化遗产保护法律法规资料汇编》,文化艺术出版社2013年版,第73页。

④ 《国家级文化生态保护区管理办法》,2018年12月10日,文化和旅游部网站,https://zwgk.mct.gov.cn/zfxxgkml/zcfg/bmgz/202012/t20201204_905345.html。

将非物质文化遗产及其资源转化为文化产品的保护方式"。对于非遗传承人保护方面，2015年11月，文化部联合教育部印发了《关于实施中国非物质文化遗产传承人群研修研习培训计划的通知》，正式在全国范围实施研修研习培训计划。完成了"十三五"培训传承人群10万人次的目标任务，参与院校达121所。解除了当前非遗传承人群老龄化与后继无人的危机，扩大了非遗传承人才队伍，提升了非遗保护传承水平；同时，这也是利用非遗项目促进地方经济发展的一种产业模式，提高了传统工艺的设计制作水平，推动了一批示范性项目和探索性项目，带动了地方经济社会的发展。2021年5月25日，文化和旅游部发布的《"十四五"非物质文化遗产保护规划》[①] 提出，"尊重非遗基本文化内涵，弘扬非遗当代价值，推动非遗在人民群众的当代实践中实现创造性转化、创新性发展，不断增强非遗的生命力"。对于非遗活化要使保护和利用在现实之中并行发展、共生共衍，实现非遗的多元化、多维度、可持续发展。[②]

（五）国际参与

国际合作也是文化遗产保护与传承的重要方向。通过与其他国家和组织的合作，可以分享经验、资源和技术，共同应对跨国界的挑战，实现文化遗产的保护和传承。1985年，中国加入《保护世界文化和自然遗产公约》，承诺与世界各国一道，保护传承具有突出普遍价值的世界文化遗产和自然遗产。截至2023年9月17日，中国世界遗产总数已达到57项。中国已成

[①]《"十四五"非物质文化遗产保护规划》，2021年5月25日，文化和旅游部网站，https://zwgk.mct.gov.cn/zfxxgkml/fwzwhyc/202106/P020210609400854201916.pdf。

[②] 黄永林、李媛媛：《新世纪以来中国非遗保护政策发展逻辑及未来取向》，《民俗研究》2023年第1期。

为名副其实的遗产大国，遗产保护受到了国际社会的广泛关注。2003年10月17日，联合国教科文组织第32届大会通过《保护非物质文化遗产公约》，2004年8月28日，中国正式加入《保护非物质文化遗产公约》，之后国务院公布首批国家级非物质文化遗产名录（2006年）、财政部安排专项资金用于非物质文化遗产保护（2006年）、原文化部成立非物质文化遗产司（2008年）、《中华人民共和国非物质文化遗产法》正式颁布（2011年）。党的十八大以来，习近平总书记多次就世界文化遗产保护作出重要指示批示，申遗保护工作要有利于突出中华文明历史文化价值，有利于体现中华民族精神追求，有利于向世人展示全面真实的古代中国和现代中国。

中国持续致力于推动世界遗产保护国际合作，促进文明交流互鉴。中国多次担任世界遗产委员会委员国、主席国，与世界遗产中心及其专业咨询机构积极开展深入合作。第28届和第44届世界遗产大会先后在苏州、福州举办，中国古迹遗址理事会第15届大会在西安举办，充分体现了文化遗产大国的责任担当。在中国实践和国际对话的基础上，发布《西安宣言》《北京文件——关于东亚地区文物建筑保护与修复》等多个国际文件，使文化遗产保护的东方理念和传统得到充分的理解和尊重，促进不同地区多元文化融合发展。在肯尼亚、孟加拉国、埃及等十多个国家开展联合考古，与塞尔维亚等国开展世界文化遗产申报技术合作，举办中非文化遗产保护论坛，为支持各国文化遗产实践、推动文化遗产保护国际运动贡献了"中国经验"和"中国智慧"。

中国还积极参与世界文化遗产保护修复工作。2019年11月，中法两国在北京签署《关于落实双方在文化遗产领域合作的联合声明》，为双方开展巴黎圣母院修复和秦始皇陵兵马俑保护研究合作作出框架安排。近年来，除了巴黎圣母院，中国积极参与世界文化遗产保护和修复的国际合作，充分展示了中国作为文化遗产大国的国际担当。此前，2014年，乌兹别克斯坦与中国决定合作开展希瓦古城保护修复工作。2015年4月，尼泊尔发生8.1级强烈地震，应尼泊尔政府的请求，中国政府援助九层神庙震后修复工程于2017年8月启动，截至2023年年初已完成中期验收。2018年1月，中柬两国签署了《关于实施吴哥古迹王宫遗址修复项目的立项换文》，这意味着柬埔寨政府将吴哥古迹中最核心的部分——王宫遗址交给了中国文物专家修复。随着一系列文物保护援外工程的开展，中国在保护世界文化遗产的国际合作舞台上，展示出"中国担当"、"中国智慧"和"中国技术"，体现了为保护人类共同文化遗产所做的积极努力和负责态度，为不同文明交流互鉴作出了贡献。

（六）学理支撑

文化遗产的保护与传承涉及多个学科的发展与合作。考古学是研究人类过去文明的学科，考古发掘和研究可以揭示文化遗产的历史、演变和特征；文化人类学研究人类社会和文化的多样性，对不同文化群体的研究，可以深入理解文化遗产的内涵和意义；建筑学和城市规划关注建筑和城市环境的设计、保护和发展，对于保护历史建筑和古城、促进城市可持续发展具有重要作用；艺术史和美学研究艺术作品的历史、风格和美学原理，可以帮助理解文化遗产中的艺术价值和审美意义；文化遗产管理与保护是一个跨学科的领域，涉及法律、政策、管理和技术等方面，旨在制定保护政策、管理措施和保护计划，确保文化遗产的可持续性；数字化技术在文化遗产保护与传承中发挥着重要作用，包括数字化文物馆、虚拟遗址重建、数字存档和文化遗产信息管理等方面；教育和社会科学研究文化遗产的教育价值、社会影响和社会参与，推动公众对文化遗产的认知和参与。这些学科在文化遗产保护与传承中相互交叉和合作，共同推动文化遗产保护、研究和传承工作的发展。

可持续发展理论是指在保护和传承文化遗产的过程中，要注重平衡经济、社会和环境的发展，以实现长期的可持续性。首先，文化遗产保护与传承的可持续发展理论强调了经济可持续性。保护和传承文化遗产，可以促进旅游业和文化产业的发展，创造就业机会，增加经济收入。同时，也需要注意避免过度商业化和过度开发，保持文化遗产的原真性和独特性，以避免对文化遗产造成破坏。其次，文化遗产保护与传承的可持续发展理论关注社会可持续性。保护和传承文化遗产，可以促进社会认同感和社会凝聚力的增强，促进社会和谐与稳定。此外，保护和传承文化遗产还可以促进社区的发展，提升居民的生活质量和福祉。最后，文化遗产保护与传承的可持续发展理论强调环境可持续性。文化遗产的保护和传承需要与环境保护相结合，避免对自然环境的破坏。例如，在文化遗产保护和传承的过程中，需要采取可持续的管理方法，减少能源消耗和环境污染，提倡可持续的旅游和参观方式，以保护自然环境的可持续性。

文化记忆理论是由阿斯曼（Jan Assmann）于20世纪70年代末提出的文化理论，该理论把记忆现象的研究从心理学层面扩展到了文化层面，认为文化记忆通过每个时代所特有的节日、仪式、故事、舞蹈、书籍、文化遗迹等各种载体得以保存，通过这些文化载体，一个民族的文化才能得到延续和传承。[1] 群体的认同性和独特性意识就依靠这种知识。[2] 文化记忆理论从记忆的角度阐释文化传承的方式，为民族文化的传承与发展提供了

---

[1] 刘东亮：《非物质文化遗产传承人口述史的文化意义阐释——基于"文化记忆"的研究视角》，《高校图书馆工作》2021年第1期。

[2] ［德］哈拉尔德·韦尔策编：《社会记忆：历史、回忆、传承》，季斌等译，北京大学出版社2007年版。

一个全新的理论视角①,包括历史、传统、价值观念、艺术形式等各个方面的文化元素。文化遗产作为文化记忆的具体体现,承载着一个社会或群体的历史、传统和身份认同。近年来,很多学者从文化学的角度对非物质文化遗产进行界定,比较有代表性的如胡怀莲的观点,认为"非物质文化遗产体现的是一种物质上、知识上和精神上的整体生活方式,一种以文化为本意的特殊表现形式"②。可见,非遗的本质是传统生活文化。非物质文化遗产的核心就是文化,因为民族的文化可以通过文化记忆得以延续,所以非遗的传承可通过文化记忆得以延续。文化记忆是一个社会或群体的共同财富,对于社会的发展和稳定具有重要意义。文化遗产保护与传承的目的之一就是保护和传承文化记忆,确保文化遗产的历史信息和文化价值得以传承和延续。通过保护和传承文化遗产,公众可以更好地理解和认识自己的历史和文化,从而塑造自己的身份认同。

---

① 刘杨:《文化记忆理论视域下满族非物质文化遗产传承的思考》,《黑龙江民族丛刊》2022年第6期。
② 胡怀莲:《公共图书馆参与非物质文化遗产保护的角色辨析》,《四川图书馆学报》2013年第2期。

三 面临挑战

（一）认知偏差

文化遗产的保护与传承过程中，可能存在着一些认知偏差，这些偏差会影响公众对文化遗产的理解、评价和处理方式。① 具体包括以下五点。其一，狭隘的文化认知，指仅关注特定的文化形式或特定的历史时期，忽视了其他文化的多样性和复杂性。该偏差可能导致对某些文化遗产的保护与传承工作的忽视或不当处理。其二，价值观偏差可能会影响公众对文化遗产的评价和处理方式。例如，对于某些文化遗产，人们可能过于重视其经济价值，而忽视了其独特的历史、艺术或社会意义，从而导致对文化遗产的过度商业化开发和利用。② 其三，现代化偏差是指现代化的观念和价值观可能会对文化遗产的保护与传承产生影响，公众可能认为传统的文化遗产与现代社会发展不相符，因此忽视或疏远传统文化的保护与传承，可能导致文化遗产的流失和失传。其四，人为干预偏差是指文化遗产的保护与传承过程中，人类主观意识和行为可能会对文化遗产产生不良影响。例如，为了满足观光需求或商业利益，人们可能过度修复、重

---

① 王巨山：《遗产·空间·新制序——博物馆与非物质文化遗产保护研究》，商务印书馆 2018 年版。
② 陈联记、王立军：《非物质文化遗产的商业化经营与开发原则》，《河北学刊》2020 年第 2 期。

建或改变文化遗产，导致其原真性受损。这种偏差可能导致文化遗产失去真实性和独特性。其五，缺乏科学方法的偏差，例如，敦煌数字化工作的关键并不在于迅速应用最新技术，而是以莫高窟的实际需求为准选择合适的技术，并在管理、研究、展示、教育等各方面都服务于文化遗产可持续保护的总体目标。为了避免这些认知偏差，应该保持开放的心态，尊重和欣赏不同文化的多样性，坚持科学的方法和原则，注重平衡不同的价值观和利益，加强专业知识和技能的培养，以及加强公众教育和参与，共同推动文化遗产的保护与传承工作的可持续发展。

（二）原真性矛盾

保护与传承文化遗产的过程中，需平衡保持其原始状态及内涵的原真性与适应现实需求的矛盾，即文化遗产保护的原真性与公众体验之间的矛盾。原真性是遗产保护领域的关键问题，对遗产的保护必须遵循原真性的原则，同时要不断完善保护政策。[1] 保护原真性是指尽可能保持文化遗产的原始状态和真实性，以确保其历史和文化价值的传承；而提供体验则是为了使公众能够亲身参与和感受文化遗产，增强受众的参与感和理解度。这种矛盾主要体现在以下三方面。第一，保护与开放。为了保护文化遗产，有时需要限制公众的接触和使用，以避免损坏和破坏。但同时为了提供更好的体验，也需要将文化遗产开放给公众，让他们能够近距离观赏和了解。第二，原真性与修复。在文化遗产的修复和保护过程中，有时需要进行修复和重建，以保持其原始状态。然而，修复可能会引起争议，因为它可能改变文化遗产的原始特征，使其失去真实性。第三，保护

---

[1] 王韶菡、李尽沙：《体验原真与保护原真：文化数字化背景下的文化遗产可持续传承与综合利用》，《艺术设计研究》2023年第1期。

与利用。为了保护文化遗产，有时需要限制其商业利用和开发。然而，文化遗产的保护也需要一定的经济支持，因此需要在保护和利用之间寻找平衡点。

敦煌莫高窟作为中国重要的文化遗产之一，其保护与传承所面临的体验与保护原真性之间的矛盾是一个复杂而具有挑战性的问题。一方面，为了提升公众对莫高窟文化价值的认知和理解，敦煌莫高窟景区采取了开放参观和体验式旅游等方式。这种体验式的参观方式可以让游客更加亲近文化遗产，增加对其价值的感知。然而，大量的游客和相关活动也对莫高窟的原真性构成了潜在威胁。游客的涂鸦、触摸、摄影闪光等行为可能会导致物理破坏和光化学反应，损害莫高窟壁画的保存。此外，游客涌入还可能引发景区环境压力，如交通拥堵、垃圾处理等问题。另一方面，为了保护莫高窟的原真性，相关部门采取了一系列的保护措施，包括限制游客数量、设立防护设施、加强监管等。限制游客数量可以减少人为破坏的风险，而防护设施和监管措施则有助于保护莫高窟的物理完整性和环境稳定性。然而，这些保护措施也可能对公众的参与和体验产生一定的制约。限制游客数量可能导致参观难度增加，而加强监管可能对游客行为施加限制。研究表明，在原真性验证上，游客会通过斑驳的历史痕迹等，主动对莫高窟的原真性进行自我印证。在各种数字化的应用中，将原本残破的壁画直接放到应用里，会比精心设计勾勒的形象更受欢迎。[①]

（三）过度保护与修复

过度保护和修复问题在文化遗产保护领域引起了广泛关注。

[①] 王韶菡、李尽沙：《体验原真与保护原真：文化数字化背景下的文化遗产可持续传承与综合利用》，《艺术设计研究》2023年第1期。

过度保护是指对文化遗产采取过度的保护措施，以至于限制了其自然演变和发展的空间。这种情况可能削弱文化遗产的真实性和历史感，使其变得静态和脱离现实，无法真实地反映其历史和文化背景。过度保护还可能导致文化遗产僵化和失去活力，无法适应当代社会的需求和变化。修复问题指的是在修复文化遗产时可能出现的一些挑战。修复工作需要专业知识和技术，如果修复不当或过度修复，可能会对文化遗产的原始性和真实性造成损害。过度修复可能导致文化遗产失去历史痕迹和真实性，变成了一种人为的再创作，无法准确地反映其历史和文化价值。[1] 此外，修复工作还需要考虑保护与可持续发展的平衡，以确保文化遗产的长期保存和传承。技术的应用拓宽了保护渠道，但由于中国技术应用评价体系的欠缺，文化遗产保护原则也面临着前所未有的挑战。

通过观察国家文物局对各类文物保护方案的批复文件发现，相较于 2000 年之前的批复文件，目前出现频率最高的表述为"严格控制工程量""防止过度保护"等此前很少使用的提法。"最小干预"四字以最醒目的方式列在文物保护设计方案的保护原则中；但在采用保护的技术措施部分，这四个字如同虚设，都在试图穷尽现有的技术方法，以期达到极致。小到一件馆藏可移动文物的修复过程，似乎都必须经历从清洗到补全、封护的所有程序，缺乏对各技术措施实施的必要性、合理性的分析；大到不可移动文物的加固，采用物理加固手段的同时，实施化学加固手段进行永久性修复，过度提高设防标准，试图将古代文化遗产加固得比现代钢筋混凝土结构还要牢固。例如，山西金灯寺石窟为碳酸盐岩地区，岩石成分本身具有可溶性，但设计方仍提出要对岩石表面进行化学清洗；陕西某宋塔倾斜，经

---

[1] 李志鹏：《文物保护修复理念溯源及其对文物修复技艺的影响》，《收藏》2023 年第 4 期。

评估和监测，倾斜程度仍在安全范围内且已稳定，但设计方仍提出要实施大规模的地基加固工程；还有著名的少林寺塔林，设计方也提出要对与塔体结构稳定无任何关系的砖体表面进行清洗。以上所举诸多实例均说明目前中国文化遗产保护领域，过度保护和过度修复情况比较普遍，可能导致其真实性、完整性和历史性的丧失，最小干预原则正面临着前所未有的挑战。

（四）技术应用的欠缺

数字技术在文化遗产保护领域具有巨大的潜力，但在实际应用中，中国的文化遗产保护机构和组织在数字技术的采用和应用方面相对滞后。文化遗产的收集和整理工作、展示和传播方面的应用、保护的管理和研究方面都存在数字技术应用的滞后性。[1] 首先是内容过载和信息失真。数字化使得大量文化遗产资料可以迅速传播与共享，但同时也带来了信息过载和信息失真的问题。大量的数字内容可能导致用户无法有效获取和理解真正有价值的文化遗产信息，甚至可能引发错误的解读和误导。此外，数字平台上的信息质量和可信度也存在挑战，可能会引入误导性或虚假的信息，对文化遗产的传承和研究造成负面影响。其次是数字化安全风险，数字化的文化遗产资料容易受到网络安全威胁和盗版的风险。数字化的文化遗产数据可能遭到黑客攻击、泄露或未经授权的使用，这对文化遗产的保护和传承构成潜在的威胁。[2] 此外，数字技术使得文化遗产资料便于复制与传播，从而产生的盗版与侵权隐患，进一步削弱了文化遗产的价值与独特性。最后是技术依赖性，数字科技的快速发展

---

[1] 张铮、朴政安：《数字技术焕活文化遗产传承创新》，《社会科学报》2023年9月14日。

[2] 夏杰长、叶紫青：《共生理论视角下文化遗产与数字科技融合发展研究》，《行政管理改革》2023年第10期。

和更新换代可能导致技术依赖性问题。在文化遗产保护传承中，如果过度依赖某种特定的数字技术进行数字化、存储和访问，一旦该技术过时或无法维护，可能会导致文化遗产资料的无法访问或丢失。因此，确保技术的可持续性和数据的长期保存是数字化文化遗产的重要考虑因素。还需要关注的是，当前文化遗产的数字活化实践主要停留在表层与符号等外在形式，对文化内涵的深入挖掘相对较少。为了实现科技与文化融合共生，在充分利用前沿科技手段的前提下，仍需对文化自身的表达方式进行再研发和再创造。① 科技与文化的碰撞创造了二者共同的专有属性与文化价值，这超越了文化和科技各自独立的原有属性，使得文化遗产在前沿科技手段下得以焕发新生。

（五）传播形态单一

文化遗产传统的保护与传承方式主要依赖于实物遗产的展示和传统的口头传承，缺乏多样化和创新性的传播手段。一方面，传统的文化遗产保护与传承主要通过博物馆、文化遗址、古建筑等实物遗产的展示来传递历史和文化信息。这种传统的展示方式虽然能够提供观众直接接触文化遗产的机会，但对于大众的吸引力和互动性有一定的局限性。另一方面，口头传承在中国的文化遗产保护与传承中占据重要地位。这种传统的传承方式通过师徒传承、家族传承等方式将知识和技艺代代相传。然而，这种传承方式的范围有限，传承的对象和传承的内容也受到一定的限制。

非物质文化遗产鲜活地扎根生存于民族民间，与生俱来的动态性和活态性特点使其在调试与适应周围环境及相互关系中

---

① 林琰、李惠芬：《非物质文化遗产的保护机制与活化路径》，《南京社会科学》2023 年第 3 期。

不断产生出新的文化表现形式。在全媒体传播格局下，非遗的传播方式也在不断创新，云公益性展播、在线直播、短视频等数字化传播越来越重要。[1] 但有学者在关于非遗项目数字化程度的调查中发现，仅有5%的被访传承人开通了网站或者App等新媒体渠道，且其平台上的数字内容乏善可陈，展现方式简单粗糙，浏览、下载量甚少，形同虚设。此外，非遗数字传播效果调查的数据也显示，仅有9%的被访受众下载了非遗相关App，主要集中在"茶道文化""每日故宫"等少数几款应用程序，而关注非遗"两微"、观看非遗网络视频的人数均不及总被访人数的1/4。[2] 为了丰富文化遗产保护与传承的传播形态，需要积极探索和采用多样化的传播手段和技术。例如，利用现代科技手段，如虚拟现实、增强现实等技术，可以将文化遗产呈现给观众，提供更加互动和沉浸式的体验。此外，利用互联网和社交媒体等新媒体平台，可以将文化遗产的信息传播给更广泛的受众，提升公众的参与度和兴趣。[3] 同时，还需要加强文化遗产保护与传承的教育和培训，培养更多的专业人才，推动创新性的传播方式的发展。政府、学术机构和社会组织可以加强合作，共同推动文化遗产保护与传承的传播形态的多样化和创新化。

---

[1] 林琰、李惠芬：《非物质文化遗产的保护机制与活化路径》，《南京社会科学》2023年第3期。

[2] 薛可、龙靖宜：《中国非物质文化遗产数字传播的新挑战和新对策》，《文化遗产》2020年第1期。

[3] 谭必勇、陈艳：《文化遗产的社交媒体保护与开发策略研究——基于"长尾效应"的讨论》，《情报科学》2018年第3期。

四　国际经验

在全球化的今天，文化遗产保护与传承已经成为一项全球性的任务。尽管不同国家及地区因地理、历史、社会背景等因素不同，对文化遗产的保护和传承工作各有差异和特色，但各国对于文化遗产保护的宗旨具备一定的共通性，在现实中也都面临如何平衡法律保护的集权、分权与放权，如何做好文化遗产的保护、开发与活化利用等一系列问题。因此，融合不同文化视角、汲取不同文化背景下的文化遗产保护与传承理念、方法和技术，可为中国进一步明确文化遗产保护和管理策略、丰富和完善文化遗产保护理论和实践提供借鉴。

（一）经验总结

文化遗产保护是一项在整体性保护过程中不断获得创新动力与反思张力的持续性事业。人类对于文化遗产的保护与传承贯穿于历史长河之中。经过长期的探索实践，各国对文化遗产价值的认识不断深化，保护与传承的实践不断发展，逐步形成了各具特色的管理模式。尽管各国国情不同，但都建立起了相应的法律保护体系和各具特色的产业开发机制，从而有效推进文化遗产保护与传承工作的实施与开展。[1] 英国、意大利、法

---

[1] 颜欢、王传宝、谢亚宏：《一些国家创新推进文化遗产保护与开发（国际视点）》，《人民日报》2023年8月8日。

国、韩国、日本等作为世界文化遗产保护主要国家，在提升文化遗产本体的活化和提升文化遗产活化的公众参与程度等方面积累了以下宝贵经验。这些经验对于推动中国文化遗产保护与传承工作的创新和突破具有重要意义。

1. 立法体系：以观念变革为引领

人类社会对文化遗产的保护经历了从自发到自觉，从个体到国家，最后达成国际社会共识的发展历程。在此过程中，法律制度的建立是整个保护体系的基础，而法律体系的建立与实施源于对文化遗产的保护观念。从立法历程来看，各国对文化遗产保护对象、范围及方式的完善经过了漫长的探索过程，并逐步在实践中建立起从上至下、系统科学的法律体系和管理机构，以提高文化遗产保护的管理水平和效率。①

（1）法国：由单体建筑观念到整体保护思潮，引领法律体系不断完善

法国于1840年制定了旨在保护古建文物的梅里美《历史性建筑法案》，是世界上首个通过立法来保护文化遗产的国家。至2023年，法国已经颁布了100多项相关法律制度，完整地覆盖了文化遗产保护的各个领域。法国对文化遗产的保护经历了由单体建筑观念到整体性保护思潮的变化，以此观念转变为引领，推动法律体系不断完善，同时在社会层面构建起多元主体参与的格局，从而使整体性保护思潮得到生动诠释。

19世纪末20世纪初的第二次技术革命和城市的快速发展，从根本上改变了城市的风貌景观。人们逐渐意识到历史建筑与围绕它的空间密不可分，对建成遗产以外的其他类型遗产给予了更多关注，文化遗产保护观念由保护单体建筑转变为保护城

---

① 高洁：《基于文化视角的中西文化遗产管理比较研究》，博士学位论文，山东大学，2021年。

市景观和建筑群。① 在整个 20 世纪期间，遗产保护概念和立法逐渐丰富和完善。20 世纪 40 年代，法国颁布的《纪念物周边环境法》明确规定，基于整体性保护原则，历史建筑周边 500 米半径内的建设与开发都要受到一定程度的制约。随后在 1960 年颁布的《国家公园法》中，对文化遗产周边环境的保护领域进一步扩大，将保护范围由人文景观延伸至文化遗产公园等自然景观。历史文化城区是古今交融的鲜活图景，为了保护和发展落后的老城区和历史特色景观，1962 年法国率先颁布了保护历史地段的《马尔罗法令》，并提出"保护区"这一概念。"保护区"由国家根据建筑、艺术、历史、人文等方面的标准进行鉴定后强制确定，并为其制订长期的保护和实施价值的规划，充分考虑所有必要的美学、技术等因素，确定具体实施的保护与整治措施。

作为单一制国家，法国对文化遗产保护实行国家集权体制。为了调动居民主体对遗产保护的积极性，在 20 世纪 70 年代法国地方分权改革期间，法国政府积极推动，通过多渠道、多举措的宣传教育和文化遗产的普及利用，逐渐形成了激励民间力量参与开发的体制保障。这些民间力量推动了文化遗产保护整体性思潮的形成和发展。

（2）日本：由硬性管理到柔性保护的理念转变，推动法律体系不断进步

日本在文化遗产的保护方面经历了从硬性管理到柔性保护的转变，文化遗产保护范围不断扩充，奠定了良好的文化遗产存量基础。日本早期的文化遗产保护法主要是保护物质形态的文化遗产。1950 年日本颁布《文化财保护法》，将"文化"视为"财富"，称文化遗产为"文化财"，并提出了"无形文化

---

① 飞龙：《国外保护非物质文化遗产的现状》，《文艺理论与批评》2005 年第 6 期。

财"的概念，将无形的文化遗产纳入国家保护范围。《文化财保护法》将之前颁布的《史迹名胜天然纪念物保存法》《国宝保存法》《重要美术品保护法》三部法律中的保护对象进行归并。这标志着日本文化遗产保护由"分散式"立法到"统合式"立法模式的转变。1996年日本将文化遗产由国家自上而下选定的制度改革为自下而上登记注册的制度。由地方和民间团体、保有者申请主张文化遗产保护，政府对符合条件的文化遗产予以高度重视并积极帮助其注册登记保护。日本先后对《文化财保护法》进行了四次较大修改，多次完善修订。[1] 围绕这部法律，政府还出台了一系列配套制度文件，保护范围随着修订的完善而不断充实和扩大，保护工作的实施主体从政府主导逐渐转变到国家、各种社会团体、非政府组织、文化遗产持有者及管理者、普通公民等部门协作配合。其中，国家和地方分担"文化财"的行政管理权，在各自层面均只设置单一的行政管理部门，避免政出多门。总体而言，《文化财保护法》成为日本最具全面性和系统性的文化遗产保护法典。

非物质文化遗产作为存在形态，难以脱离文化遗产的本体而存在，本体形态、存在形态以及构成要素形态是一个相互关联的有机整体。其传承与保护需要注重"人"这一因素。[2] 日本对非遗的保护和传承聚焦于保护传承人和后代人这两类群体，从而实现非遗的活体传承与活态保护。日本《文化财保护法》将"重要无形文化财"的传承人认定为"人间国宝"。其不但可以享受到政府给予的必要的经济补助，而且在税收等制度方面也能享受到一定的优惠。政府希望借此激励非遗传承人在无

---

[1] 赵润：《日本有形与无形文化遗产保护制度的差异——以"有形文化财"与"无形文化财"的对比为例》，《自然与文化遗产研究》2022年第7期。

[2] 王巨山：《遗产·空间·新制序——博物馆与非物质文化遗产保护研究》，商务印书馆2018年版。

形文化遗产方面的创新和技艺方面的提高。如此命名形成了无形的激励机制，极大地提高了整个社会对传统文化遗产的重视程度。被认定为"人间国宝"意味着在享有崇高的社会地位的同时，也肩负着文化遗产传承的重任。日本政府首创的"人间国宝"机制在无形文化遗产的保护和传承中取得了显著成效，使得日本传统艺能及工艺技术高水平地保留至今。"人间国宝"保护举措被联合国教科文组织大力推广，并在韩国、泰国、菲律宾等多国推广实施。此外，日本文化遗产保护工作的监管主体已经覆盖到社会的各个角落。日本政府在1996年修订的《文化财保护法》中增加了文化遗产的民间注册制度。日本民间团体或个人只要认为身边的某项事物应该属于文化遗产范畴，即能注册申请认定保护，而且政府还给予专项资金支持以及各种政策优待。这些举措弥补了文化遗产仅由政府层面指定的不足，最大限度地激发和鼓励了民众保护文化遗产的热情。[1]

总体上看，日本在文化遗产保护方面经历了保护对象和关注对象的转变。在保护对象方面，从侧重有形文化遗产向有形和无形文化遗产并重转变；在关注对象方面，从物质形态文物保护逐步扩展至对传承人的保护。在此过程中，政府通过制度设计，创造热爱非遗、积极传承非遗的社会环境。《文化财保护法》的出台和修订完善，体现了日本对文化遗产保护的高度重视，也体现了保护工作并非一成不变，而是灵活务实、与时俱进的。中国文化遗产的保护范围从总体上看也在不断扩大，但这多半建立在相关文化遗产已经遭受严重破坏或处于严峻形势下的被动补救。而且，中国文化遗产认定程序相对烦琐，大量有相当价值的文化遗产未经认定或者来不及认定，从而无法得到更好的保护与传承。由此，应进一步改革文化遗产认定机制，

---

[1] 赵姗姗：《文化遗产的法律保护：中日比较与本土选择》，《国外社会科学》2018年第6期。

强化文化遗产整体风貌环境的保护。

2. 保护机制：以共同保护为特点

（1）英国：构建中央与地方、专业与民间共同保护机制

英国是单一制国家，实行中央统一集权制度，立法体系以国家立法为核心，但在登录建筑保护工作上，英国国会为了效用最大化适当让渡权力，以实现中央与地方的权力平衡，构建起中央政府、地方政府以及相关非政府公共文化管理机构之间权责分明、密切合作的大文化管理机制。英国对重要的建筑遗产实施登录建筑保护制度。1944年，英国在《城乡规划法》中最早提出"英国登录制度"。"登录建筑"选定标准以建成年代为基准，从登录建筑的历史、文化及艺术价值等层面进行综合等级划分，由居民自发申请、专家审核、国家把控。中央文化遗产主管部门负责政策制定、行业监管，文化部大臣对遗产登录进行决议并分级评定；地方政府依法设立符合本地区特色的地方文化遗产保护制度，以便更好地考察、管理和监督其辖区内登录遗产的保护和修缮改造工作。同时，地方政府与非政府公共文化管理机构联合开展保护工作，民间保护组织通过收集和征求有关专家和公众的意见，从民间角度广泛而有力地监控、督促和协助历史环境的保护。

与此同时，英国政府在严格的法律限制和优越的政策惠制之间寻求平衡。在英国，城市规划和建筑保护的公共权高于建筑物所有者的所有权，所有登录遗产都受到严格切实的法律保护。1968年，《城乡规划法》首次引入登录建筑许可制度（LBC），并在1990年的修订中规定，登录建筑的所有者必须承担对其财产保护和整修的义务，禁止在未经地方规划部门许可的前提下对建筑物进行任何形式的损毁、改造或扩建，进而影响文化遗产的建筑特色或历史意义；地方规划部门可强制执行修缮并要求所有者提供所需费用，在责令其不改的情形下可依

法对建筑进行强制购买。严格的法律限制和优越的政策惠制相辅相成，英国政府设立多项法律为登录建筑所有者提供适当的补贴费用以及税收优惠，以减轻其支出负担。例如，1979年英国颁布的《资本利得税法》规定，对登录遗产对信托公司的赠与行为予以适当程度地减免相关资本利得税；四年后颁布的《增值税法》规定，对登录建筑保护的服务或买卖行为予以免除增值税。①

尽管遗产登录制度并非英国首创，但其严格的法律限制和优越的政策惠制政策法规保证了对私人所有的登录遗产的管理与保护，也提高了公众积极保护和合理利用文化遗产的意识，对中国建筑遗产保护机制的完善具有重要的参考价值。

（2）美国：自上而下、多方参与、多元文化并存的历史遗产保护体系

美国对文化遗产的一系列管理和运转均建立在较为完善的联邦法律体系之上。1966年，美国联邦政府颁布《国家历史保护法》，建立起从联邦、州到地方县市自上而下的历史文化遗产管理机制。国家公园是美国文化遗产保护的基础结构，美国不仅是全球国家公园体系的开创者，也开启了国家公园保护文化遗产的先例。1916年，美国颁布《国家公园管理局法》和《国家公园管理局组织法》，将历史文物纳入国家公园的常态化管理范畴，文化类国家公园进入常态化建设阶段，采用中央集权式管理体制，并由联邦政府内政部下属的国家公园管理局垂直管理。美国各州均设有历史遗产保护办公室，其职能是根据联邦政府的要求，制定本州文化遗产保护预算及遗产保护方案，督促文化遗产保护工作的实施，并合理管理联邦政府下拨的运营资金、协调历史遗产旅游项目开发与合作等。美国各州及地方

---

① 张继焦、党垒：《文化遗产的保护和发展——基于中国与英国的经验启示》，《贵州社会科学》2019年第9期。

政府均享有立法权,可根据本州实际情况制定出台各州的历史保护法,地方政府在各州的法律框架下制定了相应的城市保护法规。①

作为移民国家,美国提倡多元文化并存,在历史遗产保护中重视少数族裔和特殊群体遗产。美国的《国家历史保护法》将印第安部落的历史遗存划入国家保护范围,并建立"部落历史保护办公室",对历史遗产提供持续性资助。国家公园管理局设立"美国黑人学院与黑人大学"项目,为已列入《国家历史遗址名录》且年久失修的黑人学院和大学历史文化遗产提供修缮资金支持。此外,美国拥有良好的公众参与及公众决策机制,重大建设项目从规划起接受公众和舆论的监督,各类遗产管理机构的社会捐赠和志愿者已成为完善公园管理的主要依靠力量。②

综上可见,上述国家的文化遗产立法体系均以国家立法为核心,地方政府负责执行,并通过制定适用于本地区的法规性文件,将文化遗产的管理工作范围逐步扩展、融入地区经济发展体系之中。中国在长期实践中建立了较为全面的从中央到地方的文化遗产保护管理体系。总体来看,现有法律法规多为国家纲领性文件,法律条文以明确保护的对象、内容及方法为主,对于实践中具体的管理操作所涉及的法律规范仍需进一步精细化;对不少单体文物的价值认知,一定程度上仍停留在单一层面。此外,由于中国世界遗产管理是在原有风景名胜区管理体制的基础上演变而来的,文化遗产景区由多个政府部门管理,存在多头管理现象,缺乏统筹协调的平台与机制。在非物质文化遗产领域,存在基层文化部门出于商业利益考量而降低非遗

---

① 李宁:《美国城市文化政策的实践及其经验启示》,《中共青岛市委党校·青岛行政学院学报》2019年第3期。

② 詹晨、李丽娟、张玉钧:《美国国家公园志愿服务管理经验及其对我国的启示》,《世界林业研究》2020年第4期。

项目及其传承人的评选标准等情况。因此,既要积极借鉴国外管理体制中的完善立法、权力制衡、公民参与等方面的经验,也要积极探索和建设符合国情和地域特征的管理体制,筑牢文物和文化遗产保护法律屏障。① 还要将系统保护、预防优先、绿色发展等理念运用于文化遗产领域,建立健全遗产分级管理制度、文化遗产的准入及退出机制,细化相关管理部门的保护职责和监管职责,同时发挥民间保护组织的作用,搭建不同层级、多元主体参与的协同平台。

3. 开发利用:以坚持保护为前提

文化遗产的开发和保护并行不悖。在坚持保护的前提下,统筹好旅游发展与特色经营,围绕公众需求开发文化遗产的经济价值,利用文化遗产发展文化产业,是优化文化产业结构的必要支撑和关键动能,是推动文化遗产保护可持续发展的重要选择。

(1)韩国、意大利:兼具经济发展与活化功能的文化遗产旅游开发

产业视角下的文化遗产旅游作为一种社会经济发展工具,通过吸引游客对当地历史人文、艺术氛围或生活方式产生兴趣而造访当地,以此达到提振当地经济和社会活力的作用。商业宣传和旅游企业的参与,提高了韩国文化遗产的活化效率。韩国十分重视文化遗产的文旅产业开发,并通过遗产资源梳理、本土历史特色抓取,举办了一系列现代观光旅游活动,以增强文化遗产的阐释性与可视化,使参观者产生共鸣,进而促进当地旅游业的发展,焕发文化遗产的时代活力。② 此外,韩国政府

---

① 王丽丽:《努力为保护文物和文化遗产提供更加坚强有力的司法服务和保障》,《人民法院报》2023年2月8日。

② 高晓芳:《中韩文化遗产管理比较研究》,《学习与探索》2015年第7期。

高度重视民俗节日和祭祀活动的举办。通过举办民俗节日和祭祀活动,将遗产的内涵与游客的体验相结合,实现了保护与传承的同时,提供了丰富的文化旅游体验,大大强化了国人对文化遗产的保护意识。文化遗产逐渐转化为节庆元素和旅游资源,推动文化遗产本体的活化。在文化遗产旅游开发过程中,宣传与推广手段的合理运用,不仅能提高受众对文化遗产的关注度和认知度,使文化遗产更好地融入现代社会,更能推动区域旅游业及相关文创产业的发展,提升地方经济收入。例如,韩国许多商家会将被国家指定为有形文化财和无形文化财的元素开发成商品面具、戏装、玩偶、书刊等进行大规模生产和销售。

意大利西西里岛傀儡戏被联合国教科文组织确立为人类非物质文化遗产以来,国家政府以资金支持邀请岛上木偶艺人们用精雕细刻的木偶和道具进行即兴创作,以期更好地传承剧场木偶艺术。[①] 西西里岛的商店和摊头上制作精美、造型各式各样的木偶已经成为西西里岛的著名纪念品,吸引了众多国际游客。一系列商业化运作与宣传使文化遗产的普及与保护传承工作转向规模化和模式化,国民对文化遗产的了解程度以及保护意识也于润物细无声之中建立并逐步深化。

文化遗产开发作为一项系统化、整体性的重大文化工程,需要统筹各有关部门职能分工,协调公共和社会领域各方力量,引导相关公共和私营文化场所及项目协同开展形式灵活的文化传承活动。在文化遗产旅游开发工作中要注重历史与当代的关系表达,提升其景观上的文化意趣和功能上的主客共享,积极运用新媒体、新手段,形成集聚效益、示范引领效应和传承传播效果,促进"大文创+大文旅"产业集群融合发展,赋能传

---

① 青峥:《国外保护非物质文化遗产的现状》,《观察与思考》2007 年第 14 期。

统文化传承与文旅深度融合。

（2）法国、日本：兼顾自然与人文生态的文化遗产"生态博物馆"建设

1971年，法国博物馆学界开创性人物里维埃（Georges Henri Riviere）和戴瓦兰（Hugues de Varine）提出"生态博物馆"（EcoMuseum）的概念，即把文化遗产原状保存和保护在其所属的社区及环境中，构筑动态、开放的展示社区。[1] "生态博物馆"注重保护和展示文化遗产的真实性、完整性以及人与遗产的活态关系。该概念以村寨社区为单位，由政府牵头建设和维护原生态的建筑、服饰、语言、生产生活方式和各类艺术形态。这种整体理念使得文化遗产管理与城市远景规划密切契合并使二者利益挂钩，提供了一种城市更新的新方向。

20世纪60年代，日本经济飞速增长和城市的快速发展，城乡发展失衡问题日益凸显，对传统的手工艺品生产和传统的生活方式造成了极大冲击，于是"造乡运动"应运而生。日本的"造乡运动"与"生态博物馆"理念相契合，注重打造乡村品牌。例如，福岛县大沼郡的三岛町打造了一个在城市无法具备的成长空间，村里成立了生活工艺馆，馆内设木工、陶艺、编织、涂装等工房设备。通过对雪、山、水等自然资源和景观资源，对陶艺、编织等生产资源，人的资源和文化资源，进行调查、评价、开发和创新，创造了一个富有地域特色的传统文化博物馆。[2]

生态博物馆突破了传统博物馆的展厅模式，使当地文化展示表演空间得到了发展。经过近40年的实践探索，中国先后在少数民族聚居地区以及东部发达地区的古村古镇、工业遗址和

---

[1] 尹凯：《生态博物馆在法国：孕育与诞生的再思考》，《东南文化》2017年第6期。

[2] 潘梦琳：《乡村振兴背景下社区（生态）博物馆本土化路径初探——日本内生式乡村创生的启示》，《中国名城》2020年第4期。

城市传统社区等，建成50余座生态博物馆或社区博物馆，类型也趋于多样化，在实践中也面临难以平衡保护与发展的矛盾、难以满足多方面利益需求、发展难以持续、当地民众的发展权利和文化权利亟须受到关注等问题。为此，要坚持整体性保护思想，在注重自然与人文生态环境保护的基础上，处理好城市建设与文化遗产保护之间的平衡，将静态的文化资源转化为动态的文化发展活力，营造传统与现代交融、自然与人文和谐共存的社会氛围，构建传统与现代联结统一的发展格局。

4. 多方参与：以全民共识为基础

文化遗产管理不仅是国家、政府的责任，更是渗透至经济社会生活方方面面的一项全民事业。

（1）意大利、英国：以遗产彩券试点等政策拓宽融资渠道

意大利、英国等国家通过发行文化遗产彩券募集文化遗产保护与修缮资金，意大利从1997年开始通过发行文化遗产彩券来筹集文物保护和修复资金，英国于1994年创建国家遗产彩券，将彩券收益中的28%用于资助遗产项目的保护工作。通过这些方式，政府和企业共同承担起了文化遗产保护的责任，同时鼓励公民参与到文化遗产保护事业中，保护文物古迹已经成为一种自觉和社会责任。彩票在中国有深厚的群众基础和较强的可操作性，中国也可以进行文化遗产专项彩票试点工作，进而缓解制约中国文化遗产保护的资金瓶颈问题，并推动群众对文化遗产意义与价值的认知。

（2）法国等欧洲国家：以节事活动的举办深化文化遗产保护意识

在提升文化遗产活化利用水平的同时，还要增强遗产旅游的参与性和娱乐性，多样化的节事活动可以促进游客更好地体验、理解和保护遗产。"文化遗产日"作为欧洲一项重要的文化盛事，有力地促进了文化遗产的保护和传承。1984年，法国政

府提出将每年9月的第三个星期日定为"文化遗产日",规定在这一天所有公立博物馆全部免门票,并向公众免费或低价开放大量历史建筑。在法国"文化遗产日"活动的影响下,欧洲理事会于1991年设立"欧洲文化遗产日"。此后,该活动的规模逐年扩大,活动时间也延长至周六和周日两天。时至今日,"文化遗产日"已经成为整个欧洲一项重要的文化活动,50多个欧洲国家每年都在9月的第三个周末举办"文化遗产日"活动,并向公众开放大量历史性建筑。近40年来,该活动把公民的求知热情和旅游兴趣引向对文化遗产的认知,极大地提高了民众对文化遗产的保护意识。民间文化遗产保护组织不断建立,越来越多社会群体参与到文化遗产保护的志愿服务之中。特定节日的设定以及所带动起来的社会各方的反应和行动,有效地推动了地区历史文化品牌的塑造和宣传,进而推动地区经济水平的提升。

(3)英国、美国等:推行志愿者服务,延伸文化遗产保护的慈善力量

1948年英国在《国家辅助法》中确定了志愿者无偿服务机构的法律位置,政府为志愿者及其组织提供税收方面的优惠政策。志愿者服务也是美国国家公园建设与保护的重要组成部分,1969年,美国颁布《公园志愿者法》以协助国家公园管理局开展管辖地区的解释功能或游客服务。[1] 志愿者通过维护或重建步道和历史建筑、支持公园内的图书馆博物馆建设、介绍公园等方式参与公园保护和建设,以更深入地体会与感受历史文化资源。中国要充分发挥巨大的人力资源潜力,文化遗产管理部门要加强与高校、社会组织等部门机构合作,鼓励支持志愿者参与到文化遗产的保护与管理等事务之中,并在实践中培养遗

---

[1] 王辉等:《美国国家公园志愿者服务及机制——以海峡群岛国家公园为例》,《地理研究》2016年第6期。

领域的人才资源。

5. 数字赋能：以服务大众为导向

数字技术创新了文化遗产活化的形式，为文物保护与修复、非遗传承与交流互鉴带来更多机遇，推动文化遗产实现大众化"破圈"，融入"世界记忆"。

（1）意大利：将数字技术用于文化遗产体验

近年来，意大利文化部门将三维全景、VR/AR 等数字技术用于文化遗产保护宣传。有着近 3000 年历史的意大利叙拉古城于 2005 年被联合国教科文组织列入世界遗产名录。当地拥有丰富的历史遗迹，是著名的旅游观光点。近年来，叙拉古通过运用数字技术不断加强文化遗产的保护和开发，公园内遗迹可通过网站或手机应用实现全景观赏。当地考古博物馆则与科技企业合作，对遗迹和文物进行三维建模并制作交互式展览，推出在线全景式互动游览，提升用户体验。面对浩如烟海、年代悠久的文化遗产，通过数字化档案的建立既能提高管理效率，也能降低对文物本身的损害。①

（2）法国、日本：将数字技术用于文化遗产管理

在法国卢浮宫，数字技术被充分运用到博物馆内部信息的建构中。借助信息技术、计算机技术，卢浮宫对馆内大量藏品进行了高清图像采集，实现了对将近 50 万件馆藏文物信息的全方位储存和管理，人们足不出户便可观赏卢浮宫的珍贵文物。②

在非遗数字化保护与传承工作方面，日本坚持建设专题数据库先行，图书馆、档案馆、博物馆担当着不可或缺的重要使

---

① 沈晓鹏：《从数字化到智慧化：博物馆的转型升级》，《上海艺术评论》2016 年第 6 期。

② 孟颖、路炜峰：《故宫与卢浮宫数字博物馆信息化现状研究》，《明日风尚》2018 年第 16 期。

命。日本立项促进特定数字技术的运用。《文化财保护法》公布后，日本国立国会图书馆将全国馆藏最为丰富的非遗资源全面接入数字化，以全方位、多角度呈现日本非遗发展情况。在非遗数字化技术应用方面，日本推出"利用尖端技术传播日本文化魅力"项目。不仅以非遗的保护和传承为导向，聚焦于学术研究和技术开发，以实现更加精准和严谨的还原及再现，如京都文化协会与日本佳能公司（Canon）联合复制的《松林图》；还以基于非遗的文化旅游为导向，重点偏向场景的模拟和互动参与，选用的技术多为 VR/AR 技术等。法国则创新了非遗开发模式，建立起交互式统一的数字平台和数字影视资源的门户网站，为非遗数字化保护提供了强有力的支撑。1997 年，法国国家图书馆就启动了 Gallica 数字图书馆项目，2007 年与美国谷歌公司合作推出 Gallica 2，针对 20 世纪有版权保护但已退出市场的 50 万本图书实施数字化工程，将非遗数字资源推向体系化。

从实践上看，中国文化遗产数字化发展总体上还处于起步阶段，在顶层设计上缺乏对数字化推进的系统规划及相关资金保障制度，面临资源鸿沟增大、数字化成本高、沉浸体验与展陈张力不足等问题。与此同时，群众保护文化遗产的积极性和力量尚未得到充分调动和利用。公众虽有参与的意愿，但整体上参与程度较低、参与能力较弱。因此，要科学搭建非遗大数据平台，拓展与科技企业、社会组织等的合作范围，加快各类机构文化遗产保护工作的联通与融合，解决各地区层级存在的信息孤立、数据壁垒、信息碎片化等问题，充分运用 VR、AR、3D 等新型数字技术，将文化遗产的历史脉络、故事场景等真实还原或以艺术性创新重现，创作出更多有特色、有创意的数字化内容，让文化遗产在新时代焕发出更大活力和生机。[①]

[①] 刘英杰、张银虎：《苏州大运河非遗文化融合大数据平台构建研究》，《当代旅游》2021 年第 9 期。

（二）相关启示

1. 理念认识：处理好几对关系

要处理好传统与现代、继承与发展的关系，坚持保护与发展并重、传承与创新并举。一方面，在文化遗产保护上，要始终注重文化遗产的整体性保护。历史文化是城市的灵魂，我们要像爱惜自己的眼睛一样保护好城市历史文化遗产。城市的历史遗迹、文化古迹、人文底蕴都是城市生命的组成部分。在城市的开发过程中，既要改善人居环境，又要保护历史文化底蕴，让城市建筑更好地体现地域特征、民族特色和时代风貌。[①] 另一方面，要围绕文化遗产的表现形式和内容，实现传统文化的现代化转变。既要纵向延伸文化遗产产业链上下游，加强对传统文化的挖掘整理、研究阐发和价值提炼，将传统文化与创意内容、新兴媒介技术相结合，向知识和文化服务转变、向沉浸式体验与互动转变；也要横向拓展文化产业宽度，充分发挥文化遗产资源的经济价值，推进文化遗产与旅游、音乐、科技等产业深度融合，以此释放文化遗产的社会与经济双重效益，为产业结构优化、城乡功能拓展提供可持续发展空间。[②]

2. 完善立法：强化法律约束力

中国文化遗产众多，立法保护起步较晚。因此，要完善立法、强化法律法规的约束力，确保文化遗产保护与传承都建立在有法可依和科学评估的基础之上。一方面，要逐步整合现有

[①] 陈静、余昕：《欧洲城市的文化遗产保护实践与启示》，《建筑与文化》2020年第8期。

[②] 张建、吴文智：《文化产业驱动旅游经济的模式与国际经验》，《旅游学刊》2015年第8期。

法律法规，避免因各个法规文件口径不一致所引起的管理效率低下问题；另一方面，要健全文化遗产保护法律体系，加快完善文化遗产产权登记制度、文化遗产社会功能性分级管理机制、财政专项资金和投融资激励机制和政策。① 同时，还要健全非遗调查记录制度、代表性项目制度、传承人认定与管理机制。在法制健全和体制完善的基础上，国家和各级政府职能部门要着重做好文化遗产法程序法和其他实践法规范的协调。既要重视法律规划设计，也要关注运用制度设计和技术手段加强常态化维护。要通过立法平衡好中央与地方的关系，加强各地区各部门联动合作，推进文化遗产法律体系精细化发展。

3. 健全体制：提高社会参与度

要构建"政府主导、社会参与"的文化遗产保护与传承格局。其一，良好的群众素养是文化遗产保护的基础。要构建"以学促用、学用相长"的教学实践体系，通过教育与培训，提升居民的文化遗产保护意识，增强文化遗产保护的社会参与意识。② 对于非遗保护来说，要通过展演、教学、实践等方式，积极推动非遗进校园、进社区，使非遗融入现代城市日常生活场景与文旅空间，充分发挥传统节事活动在文化活态传承、地域人文复兴方面的积极作用，将文物故事、非遗特色更加生动地呈现，发挥文化遗产的社会教育、文化认同、经济收益、生活宜居等功能，不断优化人们在文旅体验中的感悟深度，并使之服务于当代人在精神、文化等方面的需求。其二，城市更新涉及利益的增值、损失和再分配，是政府、市场、社会多方共同

---

① 赵丽君：《财政支持非物质文化遗产保护与传承的建议》，《中国财政》2021年第5期。

② 张崇、刘朝晖：《遗产保护的"举国体制"与社会参与：从观念更新到行动逻辑》，《遗产与保护研究》2018年第3期。

作用的过程。① 要充分发挥市场的力量,要进一步激发民间资本,以信贷扶持、财税优惠、专家智库、外包运营、双向座谈等方式,引导旅游企业、非遗企业、传承人、服务型企业等主体参与文化遗产保护与产业开发,引导各方在各司其职、协同联动中形成活化利用的强大合力。

4. 科技赋能:加大数字技术应用

强化数字科技在文化遗产保护与传承中的作用。借助数字化手段实现更富成效的文化遗产保护和传承,既是铸就社会主义文化新辉煌的重要举措,也是彰显国家文化软实力和中华文化影响力的重要路径选择。数字技术的广泛应用,丰富了文化遗产的保护手段,也极大地拓展了文化消费应用场景和文化消费市场,让消费者更加了解、认可和传播博大精深的中华文化。数字科技与文化遗产的融合并不是单纯地将技术应用于文化遗产本身,而是要综合考虑文化遗产的形态内涵、所处的社会文化环境等。② 要加强数字科技在文化遗产保护与传承过程中的交叉使用、创意转化等,因地制宜地使用数字科技促进文化遗产保护与传播,引导扶持非遗旅游企业、传承人等主体参与平台经济生态,从而最大限度地发挥数字科技在文化遗产保护与传承中的积极作用。

---

① 孙俊桥:《历史文化名镇保护的国际视野与中国经验》,《南京大学学报》(哲学·人文科学·社会科学)2023 年第 2 期。

② 夏杰长、叶紫青:《共生理论视角下文化遗产与数字科技融合发展研究》,《行政管理改革》2023 年第 10 期。

五 体系构建

国家的兴盛，往往以文化繁荣作为明显标志。民族的强大，总是以文化的兴盛为强大支撑。全面深入了解中华文明的历史是建设中华民族现代文明的基础和前提，而文化遗产揭示了中华文明起源、成型和发展的全过程，是中华文明的发展过程、丰富内涵、灿烂成就和绚丽风采的外化、载体和展现形式，是全面深入了解中华文明历史的核心阵地，是中华文明连续性、创新性、统一性、包容性、和平性等突出特征的重要依据。对文化遗产的保护、传承与利用是对中华民族历史传统和文化根基的延续与弘扬，为中华民族现代文明奠定厚重的历史文化根基，对建设中华民族现代文明具有重要的历史价值和现实意义。在建设中华民族现代文明的背景下，必须全面认识新时代文化遗产的新内涵、核心价值，科学把握文化遗产保护、传承和利用之间的关系，明晰文化遗产保护与传承的发展思路。

（一）文化遗产认知

1. 时代内涵

第一，文化遗产保护与传承是建设中华民族现代文明的内在要求。要把中华文化遗产精心守护好，让历史文脉更好地赓续下去，就必须在文物和文化遗产保护方面下大功夫。从历史逻辑来看，文化遗产是探寻中华文明起源和中华民族发展脉络的依据，是中华民族生存、发展、壮大的文化根基，是中华文明突出的连续性、创新性、统一性、包容性、和平性的重要见证，见证了中华民族和中华文明的发展历程。从价值逻辑来看，文化遗产是展示中华文明的精神标识和文化精髓的重要载体，承载着中国悠久的历史、独特的文化传承和民族精神，是中华民族祖先用智慧和创造力留下的宝贵财富，记录了中国文化的博大精深和中华文明的灿烂辉煌。从实践逻辑来看，文化遗产是中国社会历史和文化发展的重要组成部分，涵盖物质和非物质两个方面，具体包括历史建筑、文化习俗、传统技艺等，具有丰富且不可替代的历史信息、艺术精髓和文化内涵。

第二，文化遗产保护与传承是推动中华民族现代文明创新与发展的动力和源泉。中华优秀传统文化是文化遗产的源泉，文化遗产是中华优秀传统文化的具体体现。中华优秀传统文化在建设中华民族现代文明中具有引领和塑造作用。因此，对文化遗产进行保护和传承的过程，就是对中华优秀传统文化进行研究和深入挖掘的过程。这个过程能够激发创造力，夯实中华文化基脉，拓展中华民族历史纵深，赓续中华文明血脉，为建设中华民族现代文明指引方向。只有全面深入了解中华文明的历史，才能更有效地推动中华优秀传统文化创造性转化、创新性发展，更有力地推进中国特色社会主义文化建设，建设中华民族现代文明。

第三，文化遗产保护与传承是增强文化自信、总结好中国经验的重要手段。文化遗产保护与传承有助于增强中国文化软实力，扩大中华文化在世界的影响力，提升中华民族在国际舞台的影响力和话语权，引领世界文化形成美美与共、共同繁荣的和谐局面。在建设中华民族现代文明的背景下，要推动中华民族的伟大复兴，就要保护好、传承好、利用好中华民族优秀的历史文化遗产，增强中华民族与世界其他民族的文化交流和互鉴，创造人类文明新形态，丰富世界文明的多样性。

2. 核心价值

文化遗产揭示了中华文明源起、形成和演进的全过程。中华文明突出的连续性、创新性、统一性、包容性与和平性，可以从文化遗产中得到验证。文化遗产在彰显中华文明五个维度突出特性上展现了其核心价值，对从探寻早期文明诞生到深入理解中华文明，从各民族交往与融合到文明交流互鉴，从塑造现代社会到推动文化创新，都具有不可替代的作用和价值。

第一，文化遗产是中华文明起源、成型、发展的实证，展现了中华民族现代文明突出的连续性。中华文明的连续性，从根本上决定了中华民族必然走自己的路。如果不从源远流长的历史连续性来认识中国，就不可能理解古代中国，也不可能理解现代中国，更不可能理解未来中国。辩证唯物史观认为，历史是连续发展的，每个时代的文化都是前一时代文化的延续与发展。文化遗产具有承载和记录的作用，文化遗产保护就是保护历史的连续性。文化遗产作为中华民族智慧的结晶，是中华优秀传统文化的珍贵瑰宝，反映了历史上的社会形态和生活方式，是探究中华民族文明起源和发展的重要途径，可以使现代文明接收历史文化的积淀和智慧，实现历史的延续和发展。

第二，文化遗产是各民族荣辱与共、团结统一的见证，凸显了中华民族现代文明突出的统一性。中国是统一的多民族国家，习近平总书记在全国民族团结进步表彰大会上强调："我们辽阔的疆域是各民族共同开拓的，我们悠久的历史是各民族共同书写的，我们灿烂的文化是各民族共同创造的，我们伟大的精神是各民族共同培育的。"[①] "一部中国史，就是一部各民族交融汇聚成多元一体中华民族的历史，就是各民族共同缔造、

[①] 《习近平讲故事》第2辑，人民出版社2022年版。

发展、巩固统一的伟大祖国的历史。"[①] 文化遗产作为多元一体中华文化的载体，是各民族交往交流交融，各民族文化得以传播、互鉴、融合和发展的见证。同时，民族交流与融合是文化遗产的重要来源，不同民族的文化交流使文化遗产更加多元和丰富。例如，哈密地区维吾尔族非遗刺绣工艺，具有鲜明的中华文化特质，是哈密地区维吾尔族文化与中原文化交流最有力的见证，是"民族融合活化石"。哈密地区维吾尔族刺绣在继承传统回鹘服饰图案纹样的基础上，接受中原苏绣与京绣技艺，吸收中原汉民族的图案纹样，具有鲜明的民族特色和浓郁的地域特色。哈密地区维吾尔族非遗刺绣工艺的风格和技巧不仅体现了中国文化的独特性，也反映了不同历史时期的社会风貌和人民生活，形成了中华民族记忆中不可分割的多元一体文化格局。

第三，文化遗产是人类文明交流互鉴的载体，体现了中华民族现代文明突出的包容性。中华文化开放包容。中华文化认同超越地域乡土、血缘世系、宗教信仰等，把内部差异极大的广土巨族整合成多元一体的中华民族。所以，中华文明从来不用单一文化代替多元文化，而是由多元文化汇聚成共同文化。在人类文明的发展过程中，不同文明之间的交流和互鉴推动了文明的进步和发展。历史上，古代丝绸之路、茶马古道、万里茶道等促进了中西方文化的交流，多元文化成为中华文化发展壮大的驱动力。多元文化不断被中华文化吸收，最终成为中华文明的一部分。在全球化趋势日益明显的今天，文明之间的交流互鉴已经成为一种常态。文化遗产作为人类文明交流互鉴的载体，向世界传递和展示了中华民族突出的包容性，有助于促进跨文化交流、消除文化隔阂、丰富文化的多样性、推动人类文明的进步和发展。

---

① 牛志男：《努力建设中华民族现代文明　加强中华民族共同体建设》，《中国民族》2023年第6期。

第四，文化遗产是中华文明革故鼎新、辉光日新的记录者，彰显了中华民族现代文明突出的创新性。辩证唯物史观强调社会变革中的矛盾运动和对立统一。社会变革引起了文化变迁，文化遗产保护与传承要应对社会变革中的矛盾与冲突。既要保护传统文化的连续性，又要适应社会变革的需求，实现对传统文化的创新和发展。文化遗产不仅承载了中华民族的传统智慧和价值观，同时也展示了中华民族现代文明的创新性，彰显出中华民族在各个领域的创新能力和活力。文化遗产记录下的历史事实充分证明，中华文明的创新性，从根本上决定了中华民族守正不守旧、尊古不复古的进取精神，决定了中华民族不惧新挑战、勇于接受新事物的无畏品格。

第五，文化遗产是中华文明和平、和睦、和谐理念的重要体现，展示了中华民族现代文明突出的和平性。中华文明的和平性，从根本上决定了中国始终是世界和平的建设者、全球发展的贡献者、国际秩序的维护者。文化遗产中蕴含着中国传统哲学中"以和为贵""天下太平"等价值理念，植根于中国人民的思想和行为中，反映在历史上中国与其他国家能够以平等、互利、和平的方式推动共同发展。文化遗产的保护与传承，有助于向世界传递中华民族和平的理念，有助于世界更好地理解和感受中华民族对人类和平、世界稳定繁荣的追求。

3. 文化遗产保护与传承的关系

客观认识文化遗产保护与传承的关系，对于有效保护和传承文化遗产具有重要意义。保护为传承提供了物质基础，传承为保护带来了活力和动力。只有在保护与传承的共同推动下，才能有效地保护和传承人类的历史和文化，使文化遗产得以保存和发展。

文化遗产保护是文化遗产得以传承的前提和物质基础。文化遗产保护包括对历史建筑、遗址、遗物等物质文化遗产和口头故事、表演艺术、手工艺技艺等非物质文化遗产的保护与修复，防止其受到破坏、损毁或消失。只有文化遗产得以保存，才能维护文化的多样性和传统的延续性，文化遗产保护提供了后代继承文化传统的物质基础。

文化遗产的传承是文化遗产保护工作的目标和动力。文化遗产传承是引领文化遗产保护的重要抓手和手段，为文化遗产保护注入了创新活力，促进了文化遗产保护的深化与发展。文化遗产传承是指通过移交、教育、培训、研究等手段，将文化遗产物质形态和文化内涵一并传递给后代。文化遗产的传承，赋予了文化遗产新的生命，实现了自我的迭代、更新和繁衍，传递了知识、技艺、价值观念等无形的文化内涵。

保护是为了让文化遗产得以留存和延续，传承则是为了让文化遗产在新的时代中得到新的发展和应用。没有保护，文化遗产可能会消失；没有传承，文化遗产可能会失去其时代意义。保护和传承的目标都是为了保护和传承人类的历史和文化。因此，保护与传承是相互依存、相辅相成的。只有在保护和传承的基础上，才能让文化遗产在新时代中焕发出新的生命力。

（二）文化遗产管理体系

文化遗产的保护与传承，要建立在"对文化遗产保护与传承是建设中华民族现代文明的内在要求"的基本逻辑上，以通过文化遗产保护和传承推动中华民族现代文明创新发展为目标，彰显中华文明五个维度的突出特性，建立保护与传承的六大体系，即保护体系、传承体系、创新体系、阐释体系、管理体系、研究体系，形成良性互动。

1. 保护体系：坚持保护第一，强化系统保护

第一，坚持保护第一，完善文化遗产保护法律法规和执法

体系。在法律与制度规范体系建设方面，针对中国具体情况、可操作的地方配套法规规章与规范性文件仍然不足的问题，要建立较为系统的文化遗产保护与传承的法律法规和政策体系。当前《中华人民共和国文物保护法》对文物保护对象的覆盖面较窄，且与其他法律法规衔接较弱。因此，要扩大文物保护对象的覆盖面，细化文化遗产的定义、分类、保护标准和责任等，将新的遗产品类纳入文物保护法律之下，加强与其他法律法规的衔接。在执法体系建设方面，加强文化遗产执法力量的建设和培训，提升执法人员的专业素养和执法水平，加强执法部门之间的协调和合作，为文化遗产保护和传承工作提供执法监督保障。

第二，确保在文化遗产保护与发展统筹工作中保护的基础性地位。统筹处理好历史文化遗产保护与城乡建设、经济发展、旅游开发之间的关系，力求实现平衡和协调。需要建立健全的历史文化遗产保护与城乡建设、经济发展、旅游开发的协调机制，明确各方的责任和义务，推进各方的合作与交流，实现各方共赢。要高度重视历史文化遗产保护工作，将其置于基础性、前提性的地位，确保在推进城乡建设、经济发展和旅游开发的过程中，结合实际情况，制定科学合理的保护措施，推进历史文化遗产的传承和发展。同时，注重城乡建设、经济发展和旅游开发的可持续发展，牢牢守住文物安全底线，避免过度开发、破坏生态环境和忽视文化价值的现象。

第三，做好物质文化遗产和非物质文化遗产的系统性保护和传承。当前，中国在物质文化遗产和非物质文化遗产的识别、登记、分类、保护、检测、评估的管理方面取得了很大的成绩，但在资源名录的系统性管理方面还存在不足。因此要提高资源名录的科学性和系统性，优化文化遗产保护的目标、原则、具体措施和分级分类保护范围。加强对物质文化遗产、非物质文化遗产的有效管理。开展涉及范围更广、内容更多、更为细致深入的全国性文化遗产普查登记工作,建立完善的文化遗产档案以及文化遗产名录。构建更为科学的分类保护制度。根据文化遗产的不同类型和价值,建立分类保护制度,制定不同的保护措施和标准。采取科学的手段,提高保护技术和修复水平,保障文化遗产的完整性和真实性。

2. 传承体系:构建以"人"为核心的文化遗产传承体系

要构建以"人"为核心的文化遗产传承体系,以服务文化遗产传承人为中心,以培养文化遗产传承人为内容,以提高公众对文化遗产的认识和重视程度为目标。

第一,搭建传承人的服务和保障体系。提高对非物质文化遗产传承人的支持和综合保障,提高传承人的生活水平和传承能力。提供技能服务保障,完善中国非物质文化遗产传承人继续教育培训工作,持续提升传承人技能和不断创新的能力。增强生活服务保障,拓展传承技能获取商业化收入的渠道,根据传承技能水平提供相应的国家扶持基金。

第二,重视教育传承方式。教育是文化遗产传承的重要途径。将文化遗产融入义务教育、职业教育、老年教育中,系统开发非物质文化遗产教育课程、教材,培养师资力量,建立非物质文化遗产教育基地等。此外,社会教育也是重要的补充,如博物馆、图书馆等公共场所可以举办各类文化遗产的展览和活动。通过各种途径和形式的文化遗产教育和宣传推广,提高公众对非物质文化遗产的认识和重视程度。

第三,创新产业传承模式。产业体系是文化遗产传承的重要支撑。将文化遗产与旅游产业相结合,开发文化遗产旅游线路,在带动经济发展的同时促进文化遗产的传播,吸引更多游客关注和参与文化遗产的保护与传承。出版业、影视业等可以深入挖掘文化遗产的内涵,制作出高质量的文化作品。开展市场化运作,鼓励市场主体参与文化遗产的开发和利用。通过引入市场机制，吸引社会资本投入文化遗产利用项目，并建立合理的市场化运作模式，推动文化遗产的商业化和可持续发展，推动文化遗产的创新利用和文化产业的发展。

第四，扩大传播传承范围，让群众共享文化遗产保护成果。创新文化遗产传播渠道、传播内容和传播方式，增强文化传承的效果。创新传播渠道，利用社交媒体平台，让更多人了解和关注文化遗产。丰富传播内容，设计互动展览，让观众参与其中，了解文化遗产的历史和背后的故事。利用现代科技传播方式，对文化遗产进行数字化保存和传播，扩大人群覆盖范围。利用虚拟现实技术，让人们亲身体验在不同的历史时期和地点的文化遗产。

3. 创新体系：积极推进文化遗产的创造性转化、创新性发展

第一，将文化遗产创新工作有效融入建设中华民族现代文明大局。创新性作为中华文明的突出特征，是做好文化遗产保护和传承工作的重要驱动力，也是在建设中华民族现代文明的背景下，时代赋予文化遗产保护与传承的重要目标。要坚持古为今用、以古鉴今，坚持有鉴别的对待、有扬弃的继承，而不能搞厚古薄今、以古非今，努力实现传统文化的创造性转化、创新性发展，使之与现实文化相融相通，共同服务以文化人的时代任务。因此，要全力做好文化遗产的创造性转化、创新性发展，打造人民群众喜闻乐见的具有深厚中华优秀传统文化底蕴的新产品，构建覆盖文化遗产识别、保护、传承、发展全过程的文化遗产创新体系，赋予文化遗产新的生命力。

第二，全力推进长城、大运河、长征、黄河、长江国家文化公园建设。建设国家文化公园，创新中国文化保护、传承、发展、繁荣的体制机制。整合长城、大运河、长征、黄河、长江沿线等重要文化资源，强化文物和非遗的保护传承工作，确

保其真实完整，重点建设管控保护、主题展示、传统利用等主体功能区，系统推进保护传承、研究发掘、环境配套、数字再现等重点基础工程，实施公园化管理运营，形成具有特定开放空间的公共文化载体，集中打造中华文化重要标志。

第三，切实推动历史文化遗产的创新利用融入人民群众的生产生活。在文化遗产保护和利用的过程中，应注重与人民群众的生产生活相结合，让这些珍贵的文化遗产融入人们的日常活动中，从而更好地传承和发扬文化传统。文化和旅游密不可分，以文塑旅、以旅彰文是推动文化和旅游深度融合的重要途径。应充分利用历史文化遗产和革命遗产资源，通过加强旅游设施建设、提高导游素质、推出多样化的旅游产品等措施，提升管理水平和服务质量，为游客提供更加优质的文化旅游体验。

4. 阐释体系：不断提高遗产价值挖掘阐释和传播推广水平

第一，强化研究力度，推动理论阐释的深度和广度。深入挖掘和传承历史文化遗产中所蕴含的智慧和价值，深化历史文化遗产在国家治理、社会建设、科学研究等领域的应用，为推动中华文明和世界文明的交流互鉴提供有力的理论支撑。系统阐释中华文化的时代新义，让历史文化遗产在现代社会中焕发新的生机与活力，使人民群众更好地理解和把握中华文化在新时代背景下的内涵和意义，更好地推动中华文化的传承和发展，建设中华民族现代文明。

第二，积极推动文化遗产资源优势转化为传播动力。深入挖掘和利用丰富的文化遗产资源，创新内容和形式，将文化遗产中所蕴含的哲学思想、人文精神、价值理念和道德规范等中华优秀传统文化精神与现代社会相结合，转化为具有时代意义的文化内容。打造具有时代特色的文化创意产品、影视剧、文艺演出等文化精品，转化为具有全球影响力的文化产品和服务，展现中华民族的文化底蕴和精神风貌。让人民群众了解中华文化的思想内涵和人文精神，提高文化自觉和文化认同，增强文化自信。

第三，搭建文化遗产对外交流平台，扩大中华文化的国际影响力。搭建全面、多元、立体的文化遗产对外交流平台，采用国际展览、文化活动和学术交流等形式，展示中国文化的魅力和价值，增强中华文化在国际舞台上的影响力和话语权。加强与国际文化机构的合作，推动中华文化的全球化发展，为世界各国提供多元文化的参照和借鉴。在全球范围内建立更多的文化中心和孔子学院等机构，为推广中华文化提供坚实的载体和平台。运用多元化的传播手段和渠道，包括影视作品、文学作品、网络新媒体和社交媒体等，向世界讲述中国丰富多彩的历史故事，展示中华民族的智慧、勇气和坚韧精神，提升中华文化的国际传播能力。依托"一带一路"建设，支持具有中国特色、体现中国精神的文化艺术作品推广活动，增进世界对中国历史文化传统和现代发展成就的了解，增进文明交流互鉴。

5. 管理体系：构建多层次系统性的文化遗产管理机制

文化遗产管理工作需要完善和优化中央—地方、部门—部门的协调、指挥、监督、保障的工作机制，形成中央到地方、地方到中央、部门到部门的良性互动管理机制，构建结构合理、权责清晰的文化遗产管理体系，提升文化遗产管理工作的系统性。

第一，优化顶层设计，科学统筹区域发展和文物保护。当前，中国文化遗产管理顶层设计总体上较为科学，但在不同层级国土空间规划与文化遗产保护方面缺乏系统的科学统筹机制，存在界限、原则、定位不清晰的状况，易造成地方在执行过程中难以把握文化遗产保护和地方发展的边界。因此，中央应加强不同层级国土空间视野下的文化遗产管理的顶层设计，为地方统筹做好区域发展和文物保护工作提供科学的指导。

第二，建立跨行政区域、跨部门协调机制。当前，地方在落地执行实操中缺乏统筹协调的平台和机制，统筹协调机制上的堵点制约文化遗产保护和传承的效能。要科学把握文化遗产的管理规律，针对文化遗产管理涉及跨部门、存在交叉且范围较广的特征，文物保护与考古部门、非物质遗产发展部门等文化和旅游部门要和城乡建设、农业、消防、工信等相关部门形成制度化协作机制，明确多主体保护责任，在城乡区域规划、文物保护规划、考古挖掘、遗址展览等方面加强合作，健全文化遗产统筹管理机制和协作工作考评机制，实现各方高效联动，系统保障文化遗产的保护和传承。

第三，发挥非政府部门力量，建立多元化合作机制。加强文化遗产管理工作的系统性，中央、地方、部门、组织、个人，缺一不可，应形成合力。地方政府带动社会参与文化遗产保护，创新合作机制，建立多元化的文化遗产保护机制。可以探索建立国家文化遗产保护与传承联盟，与地方政府和相关机构、社会团体、企业等开展合作，共同开展文化遗产保护工作。

6. 研究体系：建立保护传承文化遗产的哲学社会科学支撑

第一，构建文化遗产研究体系，加强文化遗产学科建设，在学术体系、学科体系、话语体系等方面形成新成果，更好地推动文化遗产的研究、保护和传承工作，提高中华民族现代文明的学术研究和理论创新水平。

第二，加强文化遗产学术体系建设，把系统性与综合性相结合。搭建系统化研究框架，带动各个学科的学者和研究人员在文化遗产学科视域下开展合作与交流，促进文化遗产研究能够更加科学、全面、有效地服务文化遗产保护传承工作。

第三，深化文化遗产学科体系建设，加强跨学科、跨领域合作。文化遗产学是综合性的学科领域，吸收人类学、历史学、考古学、艺术史、旅游管理、产业经济等多个学科的理论和方法。推动学科交叉与融合，可以为文化遗产的保护、修复和利用提供更为丰富、更加科学的依据和方案。

第四，重视文化遗产学科话语体系建设，注重时代价值与历史意义的挖掘。文化遗产话语体系建设不仅是关系文化遗产保护与传承的研究领域，也是具有重要社会价值和政治意义的重要工作。强调话语体系，从历史记忆的传承、社会认同的塑造、文化创新的推动等多个维度，深入探索和分析文化遗产的多重价值和意义。

（三）目标任务

1. 总体目标

第一，用习近平文化思想指导文化遗产保护和利用工作。进入新时代，文化在振奋民族精神、维系国家认同、促进经济社会发展和人的全面发展等方面的作用充分凸显。新时代新征程，战略机遇和风险挑战并存，文化遗产保护和利用工作面临着新形势新任务。习近平文化思想既有宏观层面的整体指导，又有具体层面的实践路径，具有很强的指导性和操作性，为做好新时代新征程文化遗产保护和利用工作提供了强大的思想武器和科学行动指南。要以习近平文化思想为指导，围绕在新的历史起点上继续推动文化繁荣、建设文化强国、建设中华民族现代文明这一新的文化使命，坚持保护第一、加强管理、挖掘价值、有效利用、让文化遗产"活起来"。

第二，完善文化遗产保护和传承体系。进一步提升重点文物和重大考古遗迹保护水平，加强文物保护和考古发掘工作，切实加强对古遗址、古墓葬等重大考古遗迹的保护，确保珍贵的文化遗产得到充分发掘和妥善保存。制定更加科学、合理、有效的法规，提高文物的保存率和发掘遗址的完整性，从而更好地传承和发扬中华文明的优秀传统。法规的制定应基于对文化遗产保护的深入理解和研究，同时应充分考虑当地的文化背景和社会环境等因素。积极增强公众的文物保护意识，群策群力、多方共建，确保文化遗产永久保存，为后人留下丰富的历史瑰宝。

第三，加强文化和旅游深度融合。加强文旅融合，是推动文物保护工作的重要途径，为文物保护工作提供强大的动力和支持。提高文化遗产的利用率，在保护的前提下，稳妥推进文物遗址旅游，在旅游线路中加入文化元素，让游客在欣赏自然风光的同时，了解文化遗产的历史背景和文化背景，领略到文物的魅力和中华文化底蕴。

第四，推进国家重点文物的数字化保护展示。加强国家重点文物保护和考古发掘工作，依托数字化技术对文化遗产进行高精度的扫描和记录，推进一批价值突出、具有代表性的国家级石窟寺遗址等遗产资源的全面保护和数字化展示。加大文化遗产数字化数据的挖掘和利用，进行学术研究和虚拟展示等，让公众在更加直观、生动地了解和感受文化遗产的价值与魅力的同时，能获得更丰富的交互式体验。

2. 发展原则

第一，在文化遗产保护和利用中，深刻把握"两个结合"。在文化遗产保护与传承的实践中，要坚持把马克思主义基本原理同中国具体实际相结合、同中华优秀传统文化相结合，兼顾保护与利用、传承与创新。既坚持传统文化的传承，又注重与现实需求和时代发展的结合，以实现中华民族文化的繁荣和中华民族的伟大复兴。只有坚持"两个结合"，才能不断推动中华优秀传统文化创造性转化、创新性发展，让文化遗产更好地融入现代生活，为新时代中国特色社会主义事业提供丰富的精神滋养和文化支撑。

第二，要坚持守正创新，把握时代、引领时代。守正是根本。文化遗产创新体系建设要坚守马克思主义的正、要坚守中国共产党领导的正、要坚持中国特色社会主义的正，深入践行马克思主义基本原理同中国具体实际相结合、同中华优秀传统文化相结合，运用马克思科学的世界观和方法论指导文化遗产创新体系建设。创新是灵魂。历史证明，中华文化历经千年经久不衰，是与时俱进与开拓创新的突出性特征，使其具有强大的生命力。因此，文化遗产保护与传承也绝不是简单的因循守旧，只有善于创新文化遗产保护方式与传承模式，给予新的时代内涵和现代化表达形式，不断补充、拓展、完善，才能更全面地、深入地了解中华文明的历史，才能更好地反映中华文化的深厚内涵，才能与中国现代社会相协调，才能更有效地推动中华优秀传统文化创造性转化、创新性发展，为中华民族现代文明建设积蓄新动能。

第三，科学把握文化遗产的保护和传承规律。采用新技术、新内容、新品位，重构文化遗产创新方式，促进文化遗产的创新利用和商业化发展。加强技术创新与应用。利用数字化技术和虚拟现实技术，推动文化遗产的数字化展示和体验创新。通过数字化平台和虚拟现实技术，让更多人参与和体验文化遗产，创造出全新的文化体验。加强科技创新与应用，将科技成果同文化遗产保护与传承相结合，推动文化遗产的创新利用和科技保护。将传统工艺与现代设计相结合，创造出具有时代特色和独特魅力的文化产品。支持相关企业创新。为文化遗产领域的技术型、内容型、传播型、设计型、艺术型等创新企业提供创业支持、资金支持和政策扶持。引导支持鼓励合作和交流。促进不同领域的跨界合作和交流，通过艺术、科技、设计等领域的交叉融合，创造出更具创新性和时代感的文化遗产作品和项目。加强与国际组织、各国政府和专业机构的交流与合作，借鉴国际先进经验和创新成果，推动文化遗产创新的国际交流与合作。

3. 发展任务

第一，抢救保护濒危文物，实施修复计划。濒危文物正面临着自然灾害、人为破坏等各种威胁，抢救保护濒危文物刻不容缓。应制订详细的修复计划，针对不同的文物特点采用不同的修复方法，使濒危文物尽可能地保存和恢复。同时，加强文物的预防性保护工作，通过科学的管理和维护措施，防止文物再次受到损害和破坏。

第二，加强农村和城市中的文化遗产保护，传承地域特色和民族文化。农村地区的文化遗产往往被忽视，加大对农村文化遗产的保护力度，通过制定相应的政策和规划，让农村留住乡愁、留下历史和文化。加强对城市历史街区和建筑的保护工作，保护历史文化名城名镇名村。通过合理的规划和开发措施，使文化遗产与城市现代化建设相得益彰。既保留了城市的历史文化特色，又实现了城市的可持续发展。

第三，建设国家文化公园，保护各族人民共同享有的文化标识。保护各族人民共同享有的文化标识，是维护国家文化安全、丰富多元一体的中华文化和培养共同体意识的重要举措。建设国家文化公园是保护各族人民共同享有的文化标识的重要途径，有助于传承各民族文化遗产，增进民族间的相互了解和交流，推动文化的创新和发展，增强国家和民族的凝聚力，为铸牢中华民族共同体意识做出贡献。

第四，持续推进少数民族特色文化遗产保护工作，促进各民族文化的繁荣发展。少数民族特色文化是中华文化的重要组成部分，少数民族文化遗产也是中华民族共同享有的文化遗产。保护和传承少数民族独特的文化符号是中国文化遗产保护和传承的重要内容。加强对少数民族语言文字的保护工作及对少数民族经典的收集、整理和出版工作，加强少数民族特色文化遗产如音乐、舞蹈、服饰、手工艺品等的保护工作，带动各民族之间的文化交流，对中华民族的文化繁荣发展、弘扬中华文化和促进各民族交往交流交融具有重要意义。

（四）保障措施

第一，加强持续、动态的文化遗产普查和科学的分类登记工作。将文化遗产纳入法律保护范围下，并为其赋予国家法律保护的身份。因此要把握物质文化遗产和非物质文化遗产的内在特点、保护规律、传承规律，建立系统化的文化遗产科学分类体系和资源名录。通过动态持续的文化遗产普查，及时发现和记录新的文化遗产。对已经登记在案的文化遗产进行实时监测，全面了解和掌握各类文化遗产的分布情况、特点及其传承现状，确保文化遗产得到及时有效的保护。不同种类的文化遗产具有不同的特点、保护要求和传承规律，因此需要制定相应的分类标准和方法，进行科学归类，为后续的学术研究、保护规划以及合理利用提供重要的参考。

第二，健全文化遗产保护与传承的经费保障机制，加大经费保障力度。为确保文化遗产保护和传承的可持续性，必须建立健全的经费保障机制。加大国家文物保护资金和中央部门预算投入，进一步整合国家科学研究基金、文化发展基金，为文化遗产保护和传承提供包括财政补贴、税收优惠、专项基金设立等一揽子政策支持。充分发挥国家科学研究基金、文化发展基金等专项基金的重要作用，吸引更多的社会力量参与文化遗产保护和传承事业，扩大文化遗产与传承的经费保障渠道，共同推动文化遗产保护和传承事业的发展。

第三，持续强化文物保护和传承队伍建设，加大人员配置和机构建设。进一步提高考古、历史、监测等专业人员比例和职称待遇，吸引更多优秀的人才加入文化遗产保护工作中来。健全人才激励机制，使文化遗产保护工作力量与其承担的职责和任务相适应。提高文化遗产保护工作的质量和效率，将文化遗产保护纳入有关干部教育培训内容，积极培育跨领域、跨学科的创新团队，提高队伍整体素质能力。推动文化遗产智库建设，调动考古、历史、文旅等专业专家的积极性，进一步发挥专家在文化遗产保护工作中的作用。推动中国文化遗产研究工作的创新和发展，举办文化遗产学术会议，研讨会、交流会等，加强国内外文化遗产学术交流。通过借鉴国际先进经验，推动中国文化遗产研究工作的创新和发展。

六　数字技术赋能文化遗产保护传承

优秀传统文化是一个国家、一个民族传承和发展的根本。党的十八大以来，以习近平同志为核心的党中央高度重视中华优秀传统文化的保护与传承，把文化建设摆在全局工作的重要位置，大力推动文化遗产保护与传承工作，守护好中华民族的精神家园。2022年2月，中共中央宣传部、文化和旅游部、国家文物局印发《关于学习贯彻习近平总书记重要讲话精神　全面加强历史文化遗产保护的通知》，提出要加强中华文明探源工程等研究成果宣传推广转化，综合运用多种艺术表现形式，提升中华文明的影响力和感召力，要让文物和文化遗产活起来，强化文物和文化遗产系统保护。近年来，国家也出台了一系列政策规划，如《关于让文物活起来、扩大中华文化国际影响力的实施意见》《关于推动非物质文化遗产与旅游深度融合发展的通知》等，可见新时代的文化建设工作不仅要保护文化遗产的原真性，更要做到古为今用、推陈出新。文化遗产承载着中华民族的基因和血脉，不仅属于我们，也属于子孙后代。让文化遗产"活起来"能够激活传统文化的生命力，为历史文化增添时代价值与社会意义，也让文化遗产更好地走进人们的生活，成为促进文化遗产更好地保护、传承与发展的重要渠道。为此，要充分发挥好数字技术在文化遗产保护与传承中的独特作用。

（一）理论基础

1. 科技赋能

数字技术（Digital Technology）一般是指以信息技术革命为推动的科学技术，它能将图、文、声、像等元素转化为计算机可识别的二进制数字，然后再进行计算、储存、加工、还原和传播。赋能是指个体或组织可以借助客观环境或条件以提高自身效能，进而具备更强的掌控能力。[1] 数字技术赋能是指将数字技术应用于某一具体产业，在推动社会创新和商业创新的过程中带来的深刻产业变革和积极的消费效能提升。[2] 比如，在石窟寺文化遗产领域，数字技术赋能意味着信息技术所提供的摄取、生成、存储和处理各种文化元素的能力可以极大地提高文化遗产的利用效率，进而能够产生更加多元化的文化产品和表现形态。当然，在数字化赋能文化遗产的过程中，消费者也可以获得更加生动、直观的文化体验。

2. 技术轨道

传统上，技术轨道是指被同一系统使用或基于相同理论而发展的技术集合。在 G. Dosi 的科学范式理念[3]的影响下，黄蕊等认为，文化产业技术轨道是文化产业在发展过程中，其相关

---

[1] M. A. Zimmerman, "Psychological Empowerment: Issues and Illustrations", *American Journal of Community Psychology*, Vol. 23, No. 5, 1995, pp. 581–599.

[2] W. Ying, S. Jia, W. Du, "Digital Enablement of Blockchain: Evidence from HNA Group", *International Journal of Information Management*, No. 39, 2018, pp. 1–4.

[3] G. Dosi, "Technological Paradigms and Technological Trajectories: A Suggested Interpretation of the Determinants and Directions of Technical Change", *Research Policy*, No. 11, 1982, pp. 147–162.

技术在产业化进程中的一系列标准和技术规范的集合体。① 在初始阶段,与文化产业最为契合的技术集合成为文化产业的技术主轨道。随着市场的变化和技术的进步,原文化产业的技术主轨道会逐渐衰落。随后,为了支撑文化产业的进一步发展,更加先进的技术轨道会不断向文化产业渗透和融合:文化产业技术轨道会向更高层级的轨道跃升。从旅游大数据、移动互联网、物联网到5G、AR、VR、元宇宙、三维复刻、空间识别等信息技术,在石窟寺文化遗产的逐渐运用,就是文化技术轨道在石窟寺遗产保护与利用领域的跃升。

3. 文化遗产数字化

随着数字技术的快速变革与广泛运用,数字化已经成为文化遗产在当代延续和活化利用的重要途径。因为数字技术不仅可以促使文化遗产得到更好的保护,还能通过虚拟现实、混合现实和增强现实等技术,对文化遗产的旅游体验进行重构和创造。② 实际上,数字化技术对文化遗产的影响不只体现在技术层面,移动数字平台也为文化遗产的传播带来了新的范式革命。数字技术的广泛应用,对"如何再现文化遗产"这一关键问题进行了新的诠释和重构。③ 从演化过程来看,中国文化遗产数字化经历了数字入库、线上展示和在场体验三个历史阶段。④ 首先是形态数字化,从图形、图像、纹样、空间、环境和文字、声

---

① 黄蕊、李雪威、朱丽娇:《文化产业数字化赋能的理论机制与效果测度》,《经济问题》2021年第12期。

② 黄潇婷:《数字经济下旅游决策逻辑变化与重构》,《旅游学刊》2022年第4期。

③ 张朝枝、李文静:《遗产旅游研究:从遗产地的旅游到遗产旅游》,《旅游科学》2016年第1期。

④ Z. Cai et al., "Joint Development of Cultural Heritage Protection and Tourism: The Case of Mount Lushan Cultural Landscape Heritage Site", *Heritage Science*, Vol. 9, No. 1, 2021, pp. 1–16.

音等要素的数字化开始进行存储和展示；其次是体验数字化，借助 5G、VR、AR 等技术，显著增强了文化遗产的数字化体验；最后是传播数字化，传播主体多元化、渠道多样化、内容丰富化和受众精准化是文化遗产传播数字化的四个典型特征。[1] 从应用场景来看，数字技术在文化遗产上的着力点主要在保护与传承场景、创作与转化场景、传播与体验场景。因此，应推动数字技术在文化遗产领域的创造性转化和创新性发展。

（二）数字技术赋能文化遗产保护与传承

1. 重要意义

自 20 世纪 40 年代第一台计算机被发明出来，数字技术经历了计算机、互联网和新一代信息技术三个阶段，"新一代信息技术"最先于 2010 年在《国务院关于加快培育和发展战略性新兴产业的决定》中提出，是指以集成应用为主，数字技术加速与经济社会全方位深度融合的阶段，即以人工智能、大数据、移动互联网、区块链、虚拟现实等为核心的数字技术充分嵌入全社会。而数字科技则包含所有基于新一代数字技术形成的科学技术，与传统信息技术、互联网技术相比，其是多种前沿技术的集合体，如人工智能、区块链、深度学习、元宇宙等。其本质在于以互联网和实体经济已有知识储备和数据为基础，以不断进步的数字技术为动力，推动各行各业实现互联网化、数字化和智能化。[2]

随着经济的飞速发展以及数字科技的蓬勃发展，数字科技被越来越多地应用于社会的各个领域，各行各业都借助数字科

---

[1] 谈国新、何琪敏：《文化生态保护区旅游发展的实践模式与可持续路径研究》，《文化遗产》2022 年第 6 期。

[2] 江小涓：《数字时代的技术与文化》，《中国社会科学》2021 年第 8 期。

技实现转型升级。应用范围的不断扩大，不仅提升了其应用价值和影响力，还促进了数字科技与产业的融合。因此，大力推进文化遗产与数字科技的融合，实现文化遗产的数字化保护与传承，是大势所趋，也是必经之路。习近平总书记在向2021年世界互联网大会乌镇峰会致贺信中指出，数字技术正以新理念、新业态、新模式全面融入人类经济、政治、文化、社会、生态文明建设各领域和全过程，给人类生产生活带来广泛而深刻的影响。[1] 由此可见，数字科技为文化遗产的传承与发展提供了一个全新的契机。

在当今信息时代，数字科技不断更新迭代，其每一次重大进步都会给社会带来革命性的变化，而文化与科技也正在彼此影响、相互渗透，对于文化遗产的数字化保护，中国已出台了一系列政策与规划。《国家"十二五"时期文化改革发展规划纲要》中提出"文化数字化建设工程"，明确从文化资源数字化到文化生产数字化，再到文化传播数字化，即实行全面数字化。2022年，中共中央办公厅、国务院办公厅印发《关于推进实施国家文化数字化战略的意见》，对在新时代实施国家文化数字化战略的总体要求、重点任务等进行了部署，提出到"十四五"时期末，基本建成文化数字化基础设施和服务平台，形成线上线下融合互动、立体覆盖的文化服务供给体系。同年发布的《"十四五"文化发展规划》也指出，要把先进科技作为文化产业发展的战略支撑，建立健全文化科技融合创新体系。党的二十大报告指出，在建设文化强国和科技强国的背景下，文化遗产数字化显然正逐步成为提升国家软实力的重要渠道。

数字化正深刻影响着人们的生产生活方式，不断塑造社会

---

[1] 黄永林、余召臣：《技术视角下非物质文化遗产的发展向度与创新表达》，《宁夏社会科学》2022年第3期。

新格局,而随着数字科技的不断丰富与更新,对于更好地保护和传承文化遗产,数字技术将发挥举足轻重的作用。不仅可以借助数字科技修复、保护文化遗产,还能使文化遗产以一种更直观、更新颖的展现方式走进人们的生活。通过科技拉近传统与现代、文化遗产与当代生活的距离,让更多人感受到中华优秀传统文化的魅力,真正做到让文化遗产活起来。

2. 应用领域

随着《关于推进实施国家文化数字化战略的意见》《"十四五"数字经济发展规划》等政策规划的颁布,中国正逐步迈入数字化时代。文化数字化经过多年的建设与实践,各级各类文化机构在开展数字化的工作中都有一定的积累。本书从文化遗产保护及修复、内涵挖掘、数据平台、展示与应用四个方面,介绍数字科技在文化遗产保护与传承领域的主要应用。

(1) 文化遗产数字化保护及修复

随着数字时代的不断推进,传统技术方法已无法满足文化遗产的高质量保护需求,三维扫描、3D建模、数字化信息采集等技术的发展,为文化遗产保护及修复提供了新手段,可以实现文化遗产"采集—修复—保护"的一体化保护。

莫高窟作为世界文化遗产和全国重点文物保护单位之一,具有极高的历史价值、文化价值、艺术价值,但是由于其地理位置、风沙、病害等,加之游客日益增多,石窟、壁画及出土的文物不可避免地面临退化、损坏等问题。为了实现敦煌莫高窟的永久保存、永续利用,20世纪90年代初,敦煌研究院就开启了"数字敦煌"的探索。

为了实现对莫高窟的数字化保护,第一步便是对其进行数据采集。最初在使用数码相机进行数据采集时,需要利用轨道进行平移来实现对每一行的采集,而壁画墙面凹凸不平、光线不均匀等问题,使得数据采集困难大、效率低。2005年,随着三维激光扫描技术的开发应用，莫高窟数据采集效率、精度都得到极大的提高。敦煌研究院利用机载激光扫描、地面激光扫描、手持式精细扫描等技术对莫高窟进行全方位数据采集，并通过3D建模技术获知莫高窟的几何信息，从而获取了莫高窟的全貌3D数据。

由于敦煌地处干旱地带，莫高窟除了面临岩体坍塌的风险，还面临着风沙这一严峻问题。经过多年的实践，敦煌研究院已形成了砂砾岩石窟崖体加固、风沙灾害综合防护、石窟监测预警等关键技术体系，实现石窟本体保护。此外，敦煌研究院还与腾讯合作，对破损的敦煌壁画进行修复。腾讯对敦煌壁画的病害数据进行了深度学习，形成了一整套自动识别并添加图示的算法。搭建远程沉浸式会诊技术，通过超高清画质的呈现与环绕视角拍摄，基本实现了对敦煌洞窟内壁画的数据获取。专家即便无法到达洞窟内部，也能够获知全部细节，以便为敦煌壁画的多发病"酥碱病"进行诊断，并提出综合治理办法，从源头上遏止了壁画的进一步损毁。

敦煌研究院名誉院长樊锦诗曾说，莫高窟老化消失的趋势只能延缓，无法逆转。为了让莫高窟不仅能被我们拥有，更能为子孙后代所探访，研究人员通过数据采集、建立三维模型、完成3D打印并进行安装，实现了莫高窟再复制。2023年上线的"数字藏经洞"，是敦煌研究院在已有数据基础上，运用数字孪生技术、3D建模技术等对莫高窟进行的毫米级、高精度的1∶1复刻，高清还原洞窟实景，使用户足不出户就可探寻莫高窟这一极具历史价值、艺术价值、科技价值的文化遗产，而且还在线下景区建设了数字敦煌沉浸馆，利用虚拟现实技术为游客全方位展示莫高窟全貌。

（2）文化遗产内涵数字挖掘与应用

文化遗产穿越古今，是中国文化五千年沉淀下来的珍宝，其蕴含的历史文化价值难以估量。要挖掘文物和文化遗产的多重价值，深刻体会各族人民智慧的结晶。大数据、人工智能等技术发展为文化遗产的内涵挖掘创造了新的机遇，通过机器学习、数据标注等技术绘制的知识图谱，能够为文化遗产的学习、研究、传播提供新渠道。特别是对于具有无形性、分散性的非物质文化遗产而言，知识图谱能以图形方式呈现非遗资源间的关联，为碎片化的非遗提供统一的存储及可视化表达平台。

"河南非遗一张图"利用百度人工智能、大数据、知识图谱等数字技术，将河南省非物质文化遗产信息进行整合，构造出一个河南省非遗资源的"数字资产库"，更加直观地展示了河南的非遗项目、传承人基本资料、流传历史等信息。同时，运用人工智能和大数据对河南非遗数据进行检索、抽取与处理，将其中异构的知识结构化，构建起强大的知识关联。[①] 不仅实现了河南省非物质文化遗产的统一管理，形成了完善的非遗数据标准体系，还创新了非遗的可视化表达方式，有利于非遗的可持续、创造性传承。

在2023年5月18日的国际博物馆日，故宫博物院召开"数字故宫"建设成果发布会，故宫"数字文物库"向社会全新发布2万件数字文物影像，至此"数字文物库"的文物总数超过10万件。[②] 故宫"数字文物库"建于2019年，是一个为了普及和弘扬中华传统文化，让更多人了解文化遗产的文物信息开放共享平台。最初，用户只能通过文物名称进行检索，但随着数字科技的不断发展，研究人员利用知识图谱技术增强了文物检索能力，目前用户还可以通过纹饰、颜色等关键词搜索文物。

（3）文化遗产大数据平台服务与应用

中国至今已有五千多年的历史。在这悠久的历史长河中，

[①] 《科技赋能，"河南非遗一张图"上线》，2023年8月3日，搜狐网，http://news.sohu.com/a/708635104_121662589。

[②] 《2万件宫藏宝贝"上线"，故宫数字文物库再扩容》，《湖南日报》2023年5月18日。

先辈们为我们留下了不计其数的文化遗产。如何对海量的文化遗产进行数据汇总与管理，成为文化遗产保护与传承的难题之一。2021年4月，文化和旅游部印发《"十四五"文化和旅游发展规划》，明确提出要坚持把保护文化遗产放在首位，建设国家文物资源大数据库，实现文化遗产的数字化统一管理。

爱尔兰数字存储库是为保存爱尔兰历史文化遗产和科学研究成果而成立的国家数字资源库，该存储库已纳入都柏林城市图书馆和档案馆、爱尔兰图书馆、爱尔兰国家档案馆等38个机构的会员。该存储库为文化遗产资源的永久保存创建了完整的资源存储流程，涵盖"收藏评估、数据准备、理解管理角色、摄取数字对象、资源保存利用"的数据生命周期全过程，可以实现文化遗产的元数据接收、资源保存与3D文化遗产存储等功能。[1] 该存储库的一大特点在于，能够将不同机构所掌握的资源进行汇总、整理、归纳，从而将零散的文化遗产整合起来，并提供一个中央互联网接入点，以实现文化资源的交互式数据共享。

相较于国外而言，中国的文物资源大数据库建设还较为缓慢，多以馆藏资源较为丰富的博物馆为载体。广东博物馆藏品数据库包含"综合门户""藏品管理""数字资源""系统管理"四个模块，具备藏品业务管理、数据管理、数据馆际共享、数据社会公开和知识图谱五大功能。省内各级文物主管部门可利用该数据库动态掌握区域内文物的数量和管理现状，博物馆也可利用该数据库进行藏品业务管理。[2] 此外，故宫博物院还与腾讯联合成立了"故宫·腾讯联合创新实验室"，应用腾讯数字孪生、虚拟演播、云音视频创作等下一代互联网技术，加速文物

---

[1] 吴倩、邓莉、王运彬：《文化遗产数字存储库资源建设实践研究与启示——以爱尔兰数字存储库为例》，《档案与建设》2022年第7期。

[2] 黄宙辉：《广东博物馆藏品数据库正式启用》，《羊城晚报》2023年5月6日。

数字资源采集、加工、展示的全流程智能化管理，为故宫数百件文物打造了一个可视化数据平台。对于放置在实验室的文物，研究人员也利用数字孪生技术成立了"数字孪生智慧管理平台"。该平台可实现实时采集、传输环境数据等功能，还可借助环境监测系统来为不同的文物设定适宜的温度和湿度，以便形成全流程、一体化的文物数字资源智能生产管理体系。①

（4）文化遗产数字化展示与教育应用

文化遗产保护与传承的核心在于人，只有让文化遗产"活起来"、走进人们的生活，才能让其避免在历史的长河中湮灭而得以永续。随着数字交互、多媒体、虚拟展示技术等的发展，文化遗产正逐渐从线下转向线上，从实体景区转向虚拟空间。数字科技能够将文化遗产以一种更加直观的方式展示给大众，为大众提供"在线+在场"的文化遗产新体验，强化大众对文化遗产的学习意愿，重塑大众对文化遗产的认知，使其自觉参与到文化遗产的保护与传承之中。

传统静态的文化遗产观赏模式已无法满足新时代游客对沉浸式交互体验的需求，"三星堆MR导览'古蜀幻地'"则为游客创造了虚实交互的全新体验。该项目利用MR（混合现实）技术，使游客在佩戴MR眼镜参观现实世界中的博物馆展品时，能够和虚拟世界的MR导览电影《古蜀幻地第一章——青铜神树》无缝衔接。该影片是全球文博领域首部MR导览电影②，严格参照三星堆出土文物及历史文化来创作，为每个展品都创作了符合其历史的电影故事，并将所有文物串联起来，为游客讲述了一个真实且通俗易懂的文物故事。通过真实展品与虚拟内容的结合，不仅为游客提供了一场视觉盛宴，还具有极高的知

---

① 张彦：《为文化创新插上科技翅膀》，《人民日报》2023年11月10日。

② 《全球首部MR导览电影落地三星堆，看背后黑科技如何重构"古蜀元宇宙"》，《重庆青年报》2022年5月5日。

识传播意义，真正做到了让三星堆文物"活起来"。

数字科技除了在实体景区为游客提供文化遗产数字化"在场"体验外，还打破了文化遗产的时间、空间等限制，为游客提供了交互式"在线"体验。其中，游戏互动是一种能够有效激起大众对文化遗产兴趣及保护与传承意识的方式。《傩神战疫》是一款基于梅山傩文化，融合 AR 识别、计步器等技术的 AR 非遗游戏，用户通过户外步行运动积攒能量，并用其打败通过 AR 系统出现的病毒以收集傩面碎片。该游戏秉承"文化 + 科技"的创作理念，通过"5G + AR"技术与非遗的结合，让用户在游戏体验中了解梅山傩文化。将非物质文化遗产与游戏结合，能够利用大众尤其是年轻人对游戏的兴趣，激发其对非遗的了解和学习动机，从而主动投身于非遗的保护与传承行列中。

3. 存在的问题

近年来，中国在利用数字科技保护与弘扬文化遗产方面进行了许多新尝试，也取得了显著成效。例如，西安城墙的数字技术与文物保护和文化遗产传承的融合发展；龙门石窟建设的智慧文旅数字孪生平台在跨界融合、科技引领和沉浸式体验方面进行了积极探索；故宫腾讯沉浸式数字体验展实现了"文化 + 科技"的创新融合发展。虽然数字科技为文化遗产的保护带来了新机遇，但传统的文化遗产与现代的数字科技深度融合仍存在诸多问题和不足，需要解决和弥补。

（1）资金投入不足

数字科技是包含互联网、5G 及所有前沿数字技术为一体的集合体。由于中国迈入数字化时代的时间较晚，数字科技的研发及应用还处于发展阶段。不仅技术研发成本高昂，数字科技的应用也并非一次性投入。比如，服务器等相关硬件的购买，系统的运行、维护及升级费用，各种数据接口费用等，都会给文化遗产数字化保护带来资金成本。因此，财政扶持资金有限、多元融资渠道不畅是制约中国文化遗产数字化保护与传承的重要因素之一。总体来看，中国仍是以政府为主导的文化遗产数字化保护资金支持格局，并且由于文化遗产归属权、数字化意识不强、投资回报周期长等问题，鲜有金融、科技等企业会为文化遗产数字化保护提供资金支持。例如河北巨鹿的地下宋城，当地文化遗产保护机构有两个最为迫切的想法：一是将"巨鹿故城遗址"申请为国家级重点文物保护单位；二是请专业机构做文物保护规划，将文保规划纳入整个县城的发展规划中，但巨鹿宋城的知晓度低，当地居民不清楚其价值，一旦进行市政建设，宋城就面临被破坏的风险，并且还缺乏请专业机构做规划的资金。另外，绝大多数文化遗产保护机构均为非营利性质，这就导致其资金运转困难，难以运用数字科技保护与利用文化遗产。

（2）数据安全与知识产权保护不足

在当前数字经济时代，数据已成为国家重要资源之一。文化遗产资源也不断以数据为载体被保护与传承，数字科技在给文化遗产保护带来红利的同时，也隐藏着许多不安全的因素。文化遗产数据资源庞大，由于数字科技的使用会大量共享互联网资源，并且智能产品的使用还涉及用户的个人隐私、地理位置等信息，用户的信息安全存在泄漏的风险。例如，陕西历史博物馆采用区块链技术来对海量的文化遗产数据资源进行追溯、管理及保护，但区块链技术的去中心化特征使得数据存储在网络的多个节点上，增加了数据泄露的潜在风险。技术是一把双刃剑，如何通过完善技术以防止虚拟世界给传统文化带来的冲击，是将数字科技应用于文化遗产保护中的一大难题与挑战。

除了数据安全存在一定风险，文化遗产数据的知识产权管理也是一大难题。其一，与传统知识产权不同，它涵盖多种类型的数据，包括个人、企业、公共数据，这就造成其知识产权管理复杂、困难。其二，文化遗产数据依赖于新技术的发展。

虽然文化遗产具有公共文化资源属性，但当个体或群体对其进行加工、利用，使其成为数字资源后，创作者便应当拥有该产品的知识产权。当前的知识产权制度无法适用于自由流动的数据资源，导致其在文化遗产数据产权保护的实施方面存在"共享难、授权难、确权难"等问题。[①] 加之法律规范的发展滞后于数字科技的发展，文化遗产数据资源拥有者面临数据被盗用、被侵害的风险，而且缺乏法律保障会在一定程度上减弱社会各界力量参与到文化遗产数字化保护过程中的积极性，不利于数字科技与文化遗产的深度融合。

（3）社会参与度较低

虽然文化遗产保护与传承工作的开展要以政府为核心，但仅靠政府的力量是远远不够的。虽然当下已有越来越多的人关注文化遗产数字化成果，各大新媒体平台也在不断涌现文化遗产再创作成果，但实际上社会各界及公众还并未广泛参与到文化数字化进程中来，绝大多数保护工作仍由文化遗产保护单位推进。首先，由于文化遗产的特殊性质，若为其特别研发某类技术，则存在研发成本高、应用范围窄且商业价值低的问题。这就导致科研机构与企业不得不考虑投资回报成本，一旦投入与产出不成正比，它们便不会参与到数字科技在文化遗产领域的研发及应用中来。其次，各大高校还并未重视数字科技与文化遗产的融合教育。理论是实践的先导，只有打牢研究基础，才能保证数字科技的持续高效研发。另外，文保单位与高校、企业、科研机构等的合作也十分有限，没有形成良好的协同合作机制，数字科技暂时还没有完全介入文化遗产领域。最后，在当今快节奏时代，多数流传于互联网平台的文化遗产产物以短视频、短博文，甚至是以不恰当的方式呈现，用户只是当作

[①] 罗文菁：《数字化文化遗产知识产权保护研究》，《造纸装备及材料》2023年第7期。

娱乐消遣进行观看，并不会深究其真正的文化内涵与精神空间。文化遗产保护与传承是一项永久的工作，需要每一位公民积极参与其中。

（4）数字科技应用缺乏创新性且成熟度不高

中国虽然在数字技术应用于文化遗产保护与传承方面取得了一定成效，但与西方发达国家相比，中国数字技术的发展速度还较慢，且应用于文化遗产领域的创新性与成熟度均不高。例如，中国对非物质文化遗产的保护与宣传主要通过建立网站和数据库来实现，较少运用虚拟现实技术、数字博物馆等前沿技术。文化遗产数字化创新力不足，导致公民获取的文化遗产资源数量少、表现形式单一。随着文化遗产保护事业的不断发展，文化遗产的深层内涵逐渐被人们重视，而当未恰当采用数字科技将文化遗产呈现给大众时，就可能损害或遗漏其核心价值。例如，联合国教科文组织在《世界文化遗产管理》中提及，"遗产所处的环境也可以被视为遗产"[1]，即文化遗产的保护不仅指某一单一物品，也包括其周边历史地理环境，但绝大多数数字化展现方式为碎片化、割裂式的。例如 AR 看文物，参与者只能观赏文物本身，却无法获知文物所处的历史时代背景、创作环境等，这并不利于大众了解文物的价值内涵。

诚然，数字科技为文化遗产保护与传承创造了新的机遇与途径，但与此同时，也无法否认数字科技对文化遗产本身造成的损害。文化遗产的本质是文化，而数字科技则是极具现代化的产物。如何平衡文化遗产的传统性与数字科技的创新性，是运用数字科技保护与弘扬文化遗产亟须解决的问题。例如，"文化遗产+游戏"模式能否为用户准确传达文化遗产蕴含的深厚内涵仍然存疑，虚拟现实能否将文化遗产的文化空间、精神内涵完

---

[1] 王韶菡、李尽沙：《体验原真与保护原真：文化数字化背景下的文化遗产可持续传承与综合利用》，《艺术设计研究》2023 年第 1 期。

美呈现也尚未可知。过于丰富化、现代化、技术化的数字科技，极易偏离文化遗产保护与传承的最初本质——让历经时间洗礼的优秀传统文化得以永续生存，反而变得庸俗化、游戏化。

（5）文化遗产数字化人才缺乏

文化遗产特别是非物质文化遗产，需以人为核心进行保护与传承。文化遗产一般属于文科范畴，涉及历史学、考古学、美学、宗教学等学科，但在其保护与利用方面又运用了物理、化学、生物等理科知识，加之数字化会涉及大量前沿数字技术的运用，使得文化遗产数字化保护与传承具有跨学科性及复杂性。在使用数字科技对文化遗产进行保护的过程中的技术研发、运营、管理等，都需要兼具相关专业技术与文化遗产知识素养的复合型人才，而当前此类人才还十分欠缺。从政府、相关文化遗产保护机构的人才管理体系来看，调研显示，现有文化遗产机构人员普遍存在年龄较大、数字技能匮乏的问题，即数字化人才储备不足。从高校人才培养体系来看，高校对于文化遗产数字化保护人才的培养体系还不够完善。例如，虽然2021年发布的《关于进一步加强非物质文化遗产保护工作的意见》提出，"将非物质文化遗产融入国民教育体系"，但目前全国仅有11所高校开设了非遗保护本科专业[①]，远未将数字科技融入文化遗产保护教育之中。信息技术与文化遗产两个学科也并未交叉融合，其基础理论研究及基础设施建设还存在一定不足。

4. 政策建议

（1）建立以政府为主导的国家文化遗产数字化保护体系

要发挥好政府在文化遗产数字化保护中的主导作用。其一，政府要加强顶层设计，强化制度保障。一方面，相关制度及政

---

① 林琰、李惠芬：《非物质文化遗产的保护机制与活化路径》，《南京社会科学》2023年第3期。

策建议指引着中国文化遗产保护与传承的数字化发展方向，如党的二十大报告对"实施国家文化数字化战略"进行了总体安排和部署，2022年颁布的《关于推进实施国家文化数字化战略的意见》也明确提出，到"十四五"时期末，基本建成文化数字化基础设施和服务平台。因此，政府需要长期从宏观层面强化数字技术对文化遗产保护与传承的顶层设计，引领并推动数字技术渗透文化遗产保护与传承，并且只有国家支持数字技术的发展，才能为相关科研机构不断研发新技术提供动力，才能使最新的数字科技应用于文化遗产保护与传承。另一方面，由于数字技术多为新兴前沿技术，应用范围及领域还较为狭窄，其使用存在一定的道德伦理及安全问题，包括围绕文化遗产数字创作而产生的知识版权问题等，因此政府应当出台相关法律法规，制约及规定数字技术在文化遗产保护与传承领域中的应用，推动数字技术的法制化进程，避免损害文化遗产珍贵的历史价值。此外，政府还应当推动制定相关规范，统一数字技术使用的标准。数字技术丰富了文化遗产的传播方式，因此在传播渠道上要加强版权建设、交易机制建设等，成立数字遗产版权交易中心，保证合理、合法、安全地使用数字技术。

其二，数字技术应用于文化遗产保护与传承时离不开资金支持，政府要加大对文化遗产数字化保护的资金投入，尤其是具有创新性、典型性和高价值的文化遗产数字化项目。要将中国优秀传统文化、艺术与科技深度融合，生动活泼地呈现沉浸式的知识盛宴，以此使优秀传统文化"活起来"，真正达到数字科技促进文化遗产保护与传承的目标。同时，政府应当积极鼓励和引导社会各界力量参与，拓宽资金来源，为数字技术的应用提供充足的资金保障。除了给文化遗产保护相关部门与机构提供资金支持，政府还应当鼓励数字科技研发机构在文化遗产领域开发业务，并给予相应的福利，全方面为数字科技在文化遗产保护与传承领域的应用创造良好的条件。

（2）推动社会各界协同合作，鼓励多元主体共同参与

文化遗产不仅属于一个国家，还属于每一位公民。仅仅依靠政府在文化遗产数字化转型过程中发挥作用是远远不够的，更多的是需要社会各界力量共同合作参与。一方面，由于文化遗产保护单位拥有得天独厚的文化资源、人力资源、空间资源等，科研机构拥有先进的科学技术，企业拥有稳定的资金、宣传渠道等，因此各个主体应当充分发挥自身优势，形成良好的协同合作机制。例如，科研机构要积极研发能够为文化遗产保护所利用的数字科技，平衡现代技术与传统文化，腾讯等互联网企业要为文化遗产数字产品提供宣传平台、资金保障等。另一方面，个体在文化遗产保护与传承过程中也发挥着举足轻重的作用，《"十四五"非物质文化遗产保护规划》中提出"广泛发动社会记录"，只有转变公民角色，让其从享受数字化成果转向创造数字化成果，才能实现数字技术促进文化遗产保护与传承的可持续发展。例如，用户在抖音、微博等社交平台发布创作与文化遗产相关的博文、视频，不仅利用平台流量阐述、传播优秀文化，还能引发其他用户的关注、喜爱，甚至是再创作，从而形成链式发散的文化遗产传播渠道，不断拓展协同合作主体。

另外，文明因多样而交流，因交流而互鉴，因互鉴而发展，合作也不仅局限于国内。在当前全球化背景下，中国应加强国际交流合作，学习国外先进技术并借鉴其优秀实践案例，并为需要帮助的国家提供支持，真正实现数字技术突破时间、空间等限制，促进文化遗产保护与传承的目标，推动全球优秀文化遗产资源共享。只有世界各国共同合作，综合利用各类数字技术并共享资源，才能更好地保护与传承优秀文化遗产，为共建人类命运共同体注入文化遗产力量。

（3）提高文化遗产保护单位数字技术应用与服务管理能力

文化遗产保护单位是文化遗产保护与传承的主体，其在使

用数字科技保护文化遗产方面起着带头和示范作用。首先，相关单位及部门人员要培养数字化意识，开放胸怀主动拥抱前沿数字技术，善用现代数字技术解决传统保护方法无法取得有效成果的问题。其次，文化遗产保护单位要成立专门的数字科技部门。一方面，相较于专业的科技人员，文保人员更加了解文化遗产的历史价值及保护途径，故组建一支懂文保、懂科技的专业人员队伍，能够为数字科技促进文化遗产的保护与传承提供人力资源保障；另一方面，该部门要建立起严格的数字科技资金使用规范和管理监督机制，建立健全资金考核制度和支出标准体系，提高资金的使用效益，确保每一笔资金都用于文化遗产数字化保护，避免滥用、错用财政资金。中国政府于2023年8月宣布将投入7000亿元资金来打造文化数字资产，为数字科技应用于文化产业提供了充足的资金保障。因此，文化遗产保护单位需成立数字科技部门以确保正确执行国家战略，共同打造文化数字资产。最后，文化遗产保护单位要提高数字技术的使用、服务、管理效率，针对不同类型的文化遗产采用最合适的数字科技进行保护与传承。例如对实体存在的文化遗产，可以采用虚拟现实技术进行保护与展览；对无形的非物质文化遗产，如手工艺技能、社会风俗等，则可通过电影、纪录片拍摄等方式进行宣传与传承。另外，还需要拓宽使用数字科技保护文化遗产的类别。一切文化遗产都是先辈留给后人的宝贵财富，都必须对其进行保护、传承及利用。总而言之，文保单位要积极创新保护、宣传形式，对多个领域进行全方位的文化遗产数字化保护，最大限度发挥数字科技的作用。

（4）强化技术管理，促进数字科技广泛应用于文化遗产保护与传承

技术是推进文化遗产数字化保护的重要基础，数字科技与文化遗产的融合并不是单纯地将技术应用于文化遗产本身，而是要综合考虑文化遗产的形态内涵、所处的社会文化环境等。

其一，要加强数字科技在文化遗产保护与传承过程中的交叉使用、创意转化等，因地制宜地使用数字科技促进文化遗产保护与传播。一切前沿技术的应用都必须以文化遗产为导向，避免唯技术论、滥用技术等问题的出现。其二，相关部门及机构要通力合作构建文化遗产数字资源库，开发文化资源共享系统，提高文化遗产在知识传播、文化交流、数字体验等层面的数据共享水平①，并且要成立国家—省—市—区（县）级的文化遗产数字资源库大数据体系，形成"采集—保存—处理—检索—应用"的全链条大数据体系，确保安全、合理、高效地利用数字科技保护文化遗产。例如，中国国家博物馆于2018年开启了"智慧国博"的建设，成立专门机构推进文化遗产数字化工作。不仅利用数字科技实现了文化遗产数据资源的永久性保护，还丰富了文化遗产的展现形式，为游客呈现了一场场知识文化盛宴，实现了让文物和文化遗产"活起来"的战略目标。

另外，虽然数字科技目前的焦点在于大数据、人工智能、元宇宙等前沿信息技术，但以互联网为核心的新媒体平台也在文化遗产保护与传承过程中发挥着不可忽视的作用。例如，李子柒通过短视频拍摄，不仅让国人对中国的文化遗产有了更深的认识，还向世界输出了中国文化。因此，在使用数字科技保护文化遗产时，不应局限于当下最新技术，而是要开阔视野，勇于尝试一切数字科技，探索出一条最适合保护文化遗产的道路。

（5）培养数字科技专业人才队伍

人才是产业发展的核心元素，而文化遗产的数字化保护又是一项专业性和技术性较强的工作，需要大量人才的支撑。因

---

① 林琰、李惠芬：《非物质文化遗产的保护机制与活化路径》，《南京社会科学》2023年第3期。

为数字技术在文化遗产保护中的应用涉及历史学、文化学、信息学、计算机等多学科知识，只有培育出一批兼具文化遗产、信息技术等综合背景的跨学科人才，才能促进数字科技与文化遗产保护产业深度融合。首先，高校是培养人才的重要阵地，要充分发挥高等教育的"龙头"作用。教研部门及机构应当构建交叉学科体系，开设数字人文相关课程，鼓励促进文化遗产学科与信息技术学科协同共建，融合两个领域的教学与科研，在教授理论知识的同时强化应用实践。其次，文化遗产保护单位及相关机构要利用好已有人力资源，对其定期进行培训，提高其数字科技应用水平，实现技术人员由单一化转向复合化；还要积极引进专业人才，特别是青年人才，为文化遗产的数字化保护注入新鲜力量。最后，高校、文保单位、科研机构、企业等要形成合作机制，联合培养文化遗产保护的数字应用型人才，鼓励相关学者、专家参与到数字科技应用于文化遗产保护的研究中来，创新数字科技与文化遗产的融合成果，逐步建立起文化遗产与数字科技融合的跨学科人才培养模式，以保证源源不断地为文化遗产保护与传承事业输入高素质的综合性人才。

（三）数字赋能文物保护利用：以石窟寺为例

石窟寺文化遗产是中华优秀传统文化的重要载体，运用数字技术有助于更好地展现石窟寺文化遗产的艺术价值，推动中华优秀传统文化创造性转化和创新性发展。2019年8月，习近平总书记在考察莫高窟时强调，"要十分珍惜祖先留给我们的这份珍贵文化遗产，坚持保护优先的理念，加强石窟建筑、彩绘、壁画的保护，运用先进科学技术提高保护水平，将这一世界文化遗产代代相传"①。2020年10月,国务院办公厅在印发的《关于加强石窟寺保护利用工作的指导意见》中专门提到,要加强数字技术在石窟寺保护利用中的应用,持续开展中国石窟寺文化遗产的数字化进程。由此可见,充分借助数字经济的赋能效应,以数字技术厚植石窟寺文化遗产保护与利用,以数字创意加速石窟寺文化遗产资源整合,已经成为中国文化遗产活化利用的重要发展方向。因此,研究数字技术赋能石窟寺文化遗产高质量发展的内在价值逻辑和发展模式具有重要的理论价值和现实意义。

1. 石窟寺文化遗产数字化的发展现状

随着信息技术的飞速发展,国内石窟寺的数字化保护利用取得了较大进展,三维打印(TDP)、三维复刻数据、AR、VR等新兴技术得到了充分运用。从技术角度来看,三维信息获取、三维重建评价以及三维打印等前沿信息技术应用于石窟寺文化遗产数字化领域。② 在实践应用层面,从壁画保护到互动体验,无不彰显着数字技术对中国石窟寺遗产保护利用的重要价值。③ 例如,在"数字敦煌"的建设中,借助数字技术手段,对敦煌石窟的相关文物图片、三维信息等各种数据进行整合和存储;利用厘米级空间识别技术制作完成的数字莫高窟,将客观实景环境、敦煌壁画和洞窟实现了三维空间模型的融合,进而提供

---

① 《坚定信心开拓创新真抓实干,团结一心开创富民兴陇新局面》,《人民日报》2019年8月23日。
② H. Mytum, J. R. Peterson, "The Application of Reflectance Transformation Imaging (RTI) in Historical Archaeology", *Historical Archaeology*, Vol. 52, No. 2, pp. 489–503.
③ 吴雨晗:《科技文化的有机结合在文化遗产保护中的应用——基于对敦煌文物的数字化的研究》,《中国市场》2023年第24期。

了沉浸感十足、互动式体验的数字化"敦煌模式"。① 从应用效果来看，信息技术在石窟寺文化遗产领域的应用，是数字化技术和文化艺术价值融为一体的产物。②

石窟寺文化遗产的数字化问题已经得到社会各界的高度关注，诸多学者也在石窟寺保护利用领域积累了丰硕成果，这为本研究的开展奠定了良好基础。然而，学界对石窟寺文化遗产数字化问题的学术研究还有待完善。主要表现在两方面。其一，数字技术对石窟寺文化遗产的价值实现逻辑尚未揭示。现有研究较多关注数字技术在石窟寺保护利用领域的场景应用，较少研究数字技术对石窟寺文化遗产高质量发展的内在逻辑机理；其二，石窟寺文化遗产数字化的实现路径与特色模式仍缺乏系统性科学论证。现有文献多是针对石窟寺遗产的个案开展研究，缺乏系统性、科学性的经验总结和模式凝练。

2. 石窟寺文化遗产数字化的内在逻辑

（1）主体禀赋

资源条件是影响数字技术赋能石窟寺文化遗产高质量发展的关键因素。基于资源依存理论，丰富的石窟寺文化遗产是数字技术赋能所需的资源条件和发生载体。该理论将数字技术赋能的空间载体和外部资源支持作为科技赋能的重要前提。也就是说，要发挥数字技术赋能的有效性，不仅需要合适的信息技术，更要将技术应用于适合的场景。中国石窟寺文化遗产众多，且艺术价值极高，是世界石窟寺艺术的宝库。从2021年国家文物局组织开展的全国石窟寺专项调查结果可知，全国共有石窟寺2155处，摩崖造像3831处，共计5986处。其中，全国重点

---

① 杜若飞：《基于数字技术的中国文化遗产保护与传播——以敦煌莫高窟为例》，《科技与创新》2022年第1期。

② 吴健：《石窟寺文物数字化的内涵——融学术、技术、艺术于一体》，《敦煌研究》2015年第2期。

文物保护单位共288处，省级文物保护单位417处。因此，作为数字技术的应用主体，中国丰富的石窟寺文化遗产资源禀赋为其数字化高质量发展提供了绝佳的场域支持。

（2）技术支持

技术依赖是数字技术赋能石窟寺文化遗产高质量发展的前置条件。信息化测绘手段、数据化存储管理、三维建模和可视化技术为保护和利用石窟寺文化遗产的高质量发展提供了可靠的技术支持。[①] 随着信息技术的进一步发展，三维信息获取、三维打印和三维建模评价等前沿技术为石窟寺文化遗产的数字化传播和数字化体验带来了深刻变革。在具体的实践过程中，激光脉冲三维采集融合多视图重建的技术为石窟寺雕塑的复刻提供了实现条件。特别是随着颜色检测分析技术的广泛运用，实现了洞窟雕像1∶1等比例打印复制。[②]

（3）条件适配

科技与文化的关系从技术未赋能到技术加持，最后演变为技术赋能，在很大程度上依赖于两者的高度适配性。也就是说，数字技术赋能石窟寺文化遗产的发展取决于数字技术与石窟寺文化遗产二者的适配关系。一方面，当数字技术具备摄取、生成、存储和处理各种文化产业数据元素的能力时，其就能极大地提高文化产业的运行效率和产品的丰富程度；另一方面，石窟寺文化遗产的独特性、现实性、艺术性和文学性，又为数字技术的应用提供了较好的潜在场景。因此，数字技术与石窟寺文化遗产的高度适配性是数字技术赋能石窟寺文化遗产高质量发展的催化剂。

[①] 刘广辉等：《石窟寺数字化技术研究》，《测绘标准化》2015年第4期。

[②] 李敏等：《石窟寺文物的数字化保护与利用》，《遥感学报》2021年第12期。

(4) 赋能全链条

数字技术赋能石窟寺文化遗产保护利用的典型特征就是全面赋能产业链条，从石窟寺的修复、还原保护到内容生成利用和消费传播，数字技术以极快的速度和极大的能力全面提升各个环节的运行效率。第一，对于石窟寺文化遗产的保护来说，数字测绘、科技保护和数字修复成为文物保护的有效手段。[①] 第二，对于内容生成来说，数字技术不仅可以赋能创意者，还能赋能生产者。一方面，数字技术有助于将极富创意的想法和理念转化为现实产品；另一方面，数字技术在生产环节的应用，有助于实现个性化、定制化的文化遗产产品。例如，高精度的石窟寺画像、虚拟漫游节目、动漫节目和石窟寺数字文化衍生产品等。[②] 第三，数字技术有效促进了石窟寺文化遗产的体验和传播。5G、AR和VR等技术的应用，可以使游客在互动中体验到千年文化遗产的魅力。除此之外，数字技术的高效率还可以极大地提高产品的传播速度和精准度。第四，数字技术增强了石窟寺游客的社交行为和消费偏好。在从众心理的影响下，游客的社交行为和消费习惯会受到朋友移动端传播的影响，且数字技术会强化消费行为从众心理的"外部性"。[③]

3. 案例选取与调研过程

(1) 研究对象

本书选择敦煌莫高窟、洛阳龙门石窟、大同云冈石窟和天水麦积山石窟四大知名石窟景区，作为研究数字技术赋能石窟

[①] 黎毅:《龙门石窟数字化的实践与探索》,《文物鉴定与鉴赏》, 2019年第15期。

[②] 吴健:《石窟寺文物数字化的内涵——融学术、技术、艺术于一体》,《敦煌研究》2015年第2期。

[③] 江小涓:《数字时代的技术与文化》,《中国社会科学》2021年第8期。

寺文化遗产高质量发展特色模式的研究对象。

（2）案例选择依据

本书选择四大石窟寺文化遗产景区作为研究对象，主要有以下四个方面的考虑。第一，研究案例具有代表性。敦煌莫高窟、洛阳龙门石窟、大同云冈石窟和天水麦积山石窟是世界知名的石窟寺景区，都具有极高的艺术价值和文化内涵，这些景区都曾多次被国家和省级部门表彰，具有较大的示范效应。第二，选取案例的数字化应用情景与研究目的吻合。数字化应用场景是数字技术赋能文化遗产高质量发展的前置条件。作为中华优秀传统文化的石窟寺景区拥有数以万计的洞窟和雕像，可以为数字技术的广泛应用提供良好的作用场景。第三，选取案例具有典型性。莫高窟的"数字敦煌"、龙门石窟的"数字孪生平台"、云冈石窟的"云上游"等多次入选国家文化和旅游部的数字化应用典型案例，在国内具有较大的影响力和示范效应。因此，研究这些案例具有较大的推广价值和社会效应。除此之外，这些知名度较高的石窟寺景区是新闻媒体和当地政府公开宣传的主要对象，我们可以较为便利地从公开渠道获取研究所需的佐证资料。

（3）实地调研及资料获取过程

首先，2023年8—9月，中国社会科学院甘肃国情调研基地课题组分别赴甘肃敦煌莫高窟、天水麦积山石窟、大同云冈石窟和洛阳龙门石窟进行实地调研，对四大石窟寺景区的数字化应用场景进行深度考察。其次，作为补充调研，我们还分别与敦煌研究院①、云岗研究院和龙门石窟研究院的工作人员进行会谈，采用结构化和半结构化相结合的方式对各石窟寺景区的数字化应用、实施效果和难点问题进行深入访谈。最后，采集和

---

① 敦煌研究院负责敦煌莫高窟和天水麦积山石窟两处世界文化遗产的保护和利用研究工作。

整理二手资料。课题组从知网 CNKI 数据库、新闻报刊、权威网站、国家文化和旅游部典型案例库和国家文物局推广案例等公开渠道获取相关资料，作为对实地调研和深入访谈资料的补充。

4. 数字技术赋能石窟寺文化遗产发展模式分析

（1）敦煌莫高窟

在敦煌莫高窟数字化赋能的过程中，通过对各洞窟雕像和建筑的三维重建获取海量的数据资源，然后通过数字转化得到高保真的复制洞窟等数字文化产业的衍生产品。为此，本部分以敦煌莫高窟景区为研究对象，探讨数字技术在景区高质量发展中的应用，并分析数字技术赋能景区的特色模式和经验做法。

数字技术在敦煌莫高窟景区的应用，主要有无人机技术、智能导览系统和区块链技术等。数字技术赋能敦煌莫高窟景区高质量发展的特色模式可以概括如下。

第一，全域智慧化景区模式。智慧景区模式是以数字技术为基础，通过整合物联网、大数据分析、人工智能等技术，为景区提供智能化、高效化、安全化的管理服务。在敦煌莫高窟景区中，智慧景区模式的建设可以有效提高景区管理水平和游客满意度。在具体的实践中，莫高窟利用数字技术和互联网技术实现了信息服务、行程服务、消费服务、应用场景和旅游管理等多个方面的数字化，应用范畴覆盖了景区的全部业务流程。

第二，线上线下融合模式。线上线下融合模式是指在数字化建设中，将线上和线下服务有机地结合起来，形成一体化的服务体系。敦煌莫高窟景区的线上线下融合模式建设，可以实现门票预订、导游服务、文化衍生品销售等业务的数字化，这显著提高了景区的服务质量和效率。

第三，"数字敦煌"建设模式。"数字敦煌"是一项敦煌保护的虚拟工程，运用测绘遥感技术和三维复刻与展示技术，使敦煌石窟景区实现虚拟化、数字化，然后利用虚拟场景和球形屏幕来实现打破时间与空间的限制，满足人们游览、欣赏和研究莫高窟的旅游需求。实际上，从20世纪90年代开始，数字敦煌的概念就已经被提出。经过30多年的探索，集数字化保护与利用为一体的"数字敦煌"项目初步建成。系统将得到的敦煌石窟文物信息三维数据化。在此基础上，与华为合作，依托厘米级的空间识别技术，将实景环境全部重现，实现了敦煌壁画、洞窟三维空间模型和实景环境的完美融合。截至目前，"数字敦煌"向世人展示了10个朝代、30个洞窟，近4500平方米的壁画。

第四，数字化交互模式。数字技术赋能莫高窟高质量发展的典型特征就是实现了互动式和沉浸式的数字化体验。2021年，莫高窟开发了交互性专题旅游线路，旨在为游客提供"虚拟现实＋亲身体验"的互动式产品。在"虚拟＋现实"的融合环境中，全景石窟与生动的飞天有效促进了游客沉浸式和互动式的旅游体验；加之厘米级的空间识别技术，使得在虚拟世界里展现了能与真实媲美的莫高窟。

根据前文的分析，我们可以对数字技术赋能敦煌莫高窟景区发展的主要经验概括如下。

第一，重视数字信息库建设。莫高窟数字化信息库建设，为石窟寺的保护、利用、研究、修复和复建提供了最重要的基础，这是数字技术赋能石窟寺文化遗产的应用基石。首先，通过数字高程模型、三维激光扫描点云数据和原始纹理图片来构建地形模型、场景模型和造像模型，通过这三大模型来采集模型数据。其次，通过文化遗产地基础地理数据的提取和重建来获取基础地理信息数据。再次，通过对文献资料和相关图片的整理分析来获取历史文化信息数据。最后，通过对莫高窟的模型数据、基础地理信息数据和历史文化信息数据的整合来建设莫高窟数字化信息库。

第二，加强数字技术人才培养。加强石窟寺数字技术人才培养是对石窟寺文化遗产进行数字化建设的基础，也是敦煌莫高窟景区数字化发展的关键。莫高窟景区通过加强数字化人才的引进和培养，构建了一支复合型的高技能人才队伍。具体来看，莫高窟的人才团队包含了技能工匠、文化遗产和信息技术等相关专业人士。

第三，大力推进数字技术应用。推进数字技术应用是实现数字化建设的关键。从"数字敦煌"的建设历程可以看出，自20世纪90年代开始，莫高窟就积极引入先进的数字技术，推进景区数字化建设，并以此来提高景区的管理水平和游客满意度。

第四，加强数字安全保护。加强数字安全保护是数字化建设的重要保障。莫高窟景区在数字化建设过程中，采取了有效措施来保护游客的个人信息安全，以防止黑客攻击和数据泄露等问题的出现。

可见，数字技术在敦煌莫高窟景区高质量发展中发挥着越来越重要的作用。在数字化建设中，智慧景区模式和线上线下融合模式是数字技术赋能石窟寺景区的特色模式，加强数字技术人才培养、推进数字技术应用和加强数字安全保护是促进石窟寺数字化发展的关键经验做法。

（2）洛阳龙门石窟

作为中国首批文物保护单位和5A级旅游景区，龙门石窟在数字化建设上已积累了十多年的经验，在石窟寺的保护、传承、研究和展示方面也推进了较多创造性举措和创新性应用，效果显著。值得一提的是，龙门石窟的数字孪生平台建设入选2022年国家文化和旅游部的数字化典型案例库，成为打造传承弘扬传统文化新场景、新应用的典范。数字技术在龙门石窟景区的应用很广泛，形成了其独特的发展模式。

第一，数字化保护与修复。数字技术可以通过高精度的三维扫描和建模来对龙门石窟中的壁画和雕塑进行精确记录和保护。同时，数字修复技术也可以修复受损的壁画和雕塑，使其恢复原貌。这种数字化保护与修复方式不仅提高了保护的准确性和效率，还可以减少对实物的干扰和损伤。

第二，虚拟展示与互动体验。数字技术可以实现对龙门石窟的虚拟展示和互动体验。通过沉浸式虚拟现实技术，游客可以在不实际到达现场的情况下，近距离欣赏龙门石窟的壮丽景象，并与虚拟角色进行互动。这种互动体验为游客提供了更加丰富和个性化的参观体验，让他们更好地了解和感受到龙门石窟的文化价值。

第三，数字化管理与监测。数字技术为龙门石窟的管理和监测提供了有效手段。通过远程监控和数字化管理系统，管理人员可以实时监测龙门石窟的环境条件、人流情况等，并及时采取措施进行保护和管理。数字化管理还可以为游客提供更便捷的票务、导览等服务，提升整体管理效率和游览体验。

第四，数字化文化传承与教育。数字技术为龙门石窟的文化传承和教育提供了新的途径。通过数字化的文物资源和互动式教育平台，人们可以更加便捷地学习和了解龙门石窟的历史、文化和艺术价值。数字化教育还可以为学生提供更丰富和多样化的学习资源，使他们可以更加便利地关注和研究龙门石窟。

数字技术赋能龙门石窟高质量发展，总结其经验做法如下。

第一，重视数字化孪生平台建设。2021年，龙门石窟启动了智慧文旅数字孪生平台建设。综合运用物联网、大数据、人工智能和云计算等数字技术，建立了集产品体验、运营管理和服务营销等功能为一体的互动式、体验式平台。其优势是将各种类型数据汇总在一起，突破了不同运营环节的数据孤岛现象，实现了景区全域智慧化运营管理。一方面，对于游客来讲，龙门石窟的数字孪生平台将石窟寺的保护与文旅体验融为一体，将文物古迹和石刻雕刻艺术以增强现实和虚拟现实的方式呈现给游客，显著提高了游客的满意度。另一方面，对于景区管理者而言，该平台借助时空大数据的综合研判，利用人工智能实现了景区资源一张图监控、景区设施一张图控制，进而实现了景区的数字化管理和智慧化运营。

第二，推动科技与人文的有机结合。数字技术的应用应与龙门石窟的人文价值相结合，而不能将技术本身凌驾于文化之上。在具体的实践当中，龙门石窟以世界文化遗产的保护、传承和利用为出发点，充分尊重和继承龙门石窟的人文精神和艺术价值，让龙门石窟文物的历史价值、文化价值、科学价值以及艺术价值更易于被游客接受是数字技术赋能的根本目的。

第三，鼓励多方合作与共同参与。数字技术赋能龙门石窟高质量发展的经验之一就是各方的共同参与和合作。政府、学术机构、科技企业、文化机构等应加强合作，共同推动数字技术在龙门石窟的应用与发展。

第四，注重系统性与可持续性。系统性特征是数字技术赋能龙门石窟高质量发展的重要经验。数字技术在整个龙门石窟的保护、应用与管理体系中起到了系统性作用，而不只是某个环节的应用手段。从数字化管理演化到智慧化运营就是最好的例证。同时，数字技术的应用应考虑到可持续性，避免对龙门石窟的环境造成负面影响。为此，龙门石窟景区在对声、光、电等数字技术应用场景的选择上异常严格，会根据景点内的客流密度、客流分布和对雕像文物的负面影响程度来综合考虑。

综上所述，数字技术在龙门石窟的保护与利用中发挥了重要作用。通过数字化的文物保护与修复、虚拟展览与互动体验、数字化管理与监测以及数字化文化传承与教育，可以更好地保护、传承和展示龙门石窟的文化遗产，为人们提供更加丰富和深入的文化体验。同时，需要注意科技与人文的结合、多方合作与共同参与，以及系统性与可持续性的考虑，共同推动数字技术在龙门石窟的应用与发展。

(3) 大同云冈石窟

在数字化浪潮下，如何通过数字技术实现洞窟的高精度复制，并通过数字化赋能实现景区的智慧化运营，成为20年来云冈石窟数字化尝试和探索的主要任务。本部分将重点探讨数字技术赋能大同石窟寺景区高质量发展的特色模式和经验做法，旨在为国内其他石窟寺景区的数字化转型提供借鉴和启示。

数字技术在云冈石窟景区的应用，其特色模式可概括如下。

第一，数字化导览和解说系统。引进数字化导览和解说系统是云冈石窟数字化转型的重要举措之一。通过融合虚拟现实（VR）、增强现实（AR）等技术，游客可以以更加直观、生动的方式了解石窟寺的历史文化和艺术价值。此外，该系统还可以根据游客的兴趣和需求提供个性化的导览服务，为游客提供更加贴心和便捷的体验。此外，通过语音识别和人工智能技术实现了语音导览和智能问答，这极大地方便了游客在参观石窟过程中获取所需的准确信息。

第二，智能化停车管理系统。大同云冈石窟景区经常面临停车难题，为了解决这一问题，引入智能化停车管理系统是一个创新的尝试。通过数字化技术和人工智能，游客可以实时了解停车位的情况，避免停车拥堵，提高游客的停车体验。该系统还可以通过数据分析优化停车资源的利用效率，提高景区的接待能力。

第三，高精度信息采集与三维复刻技术。对洞窟数据的高精度采集是数字化利用石窟寺景区的技术基石。高像素数码相机、站式扫描仪、三维激光扫描仪等仪器是采集各类洞窟数据的基本要件。特别是在三维复刻和3D打印过程中，云冈石窟采用的分体3D打印、积木式安装方式是等比例复制大型文物的首创，为不可移动大型石窟寺雕像的移动化展示提供了有效探索。

数字技术赋能云冈石窟高质量发展方面，已积累了丰富的经验，主要经验可总结如下。

第一，深化数字化场景应用。数字技术的应用为大同云冈石窟景区提供了全新的发展机遇，实现了景区高质量发展的突破。一方面，通过开发基于AR、VR技术的数字导览应用，提供沉浸式的参观体验，增强游览的互动性和游客的参与感；另一方面，还通过数字化展示中心，将石窟寺的历史文化和艺术价值以数字化方式进行展示，为游客提供更加生动、直观的文化体验。除此之外，还利用数字化互动游戏，增加趣味性和游客的参与度，提升了游客的留存率和口碑。

第二，数字化文创产品开发。数字技术为文创产品的开发提供了许多新的可能性。大同云冈石窟景区通过与科技企业合作，开发了一系列数字化文创产品，例如基于AR技术的石窟壁画立体模型、数字化展示册等。这些产品集合了科技与文化的双重元素，为游客带来了全新的观赏体验，并且成为石窟寺景区的独特名片。利用虚拟现实技术，重现石窟寺的历史场景和文化底蕴，为游客提供身临其境的参观体验。通过虚拟互动演示来展示石窟寺的艺术魅力，可以显著提升游客的文化体验。

第三，智慧化运营与精细化管理。大同云冈石窟在智慧化运营管理方面也积累了大量经验。一方面，通过数据监测和实时分析，实现对游客流量、游览路线和时间等信息的科学管理，提高景区管理的效率和准确性。另一方面，利用大数据技术，分析石窟寺景区的游客偏好和个性化需求，可以最大限度地优化景区资源配置。

第四，多方合作实现共赢。与高等院校和企业合作共赢，是云冈石窟在数字化保护利用方面取得重要进展的制度保障。云冈石窟研究院与浙江大学深度合作，运用三维激光扫描技术对"音乐窟"进行1∶1精准复制，并创新性地运用分身方式完成移动与组装。除此之外，还与武汉大学进行了有效合作，先后完成了第三窟和第十八窟的雕像等比例复制。

通过对大同石窟景区数字化发展的特色模式和经验做法进行研究和总结，我们可以发现：数字化场景应用、智能导览系统、大数据分析与精细化管理和虚拟现实技术的应用，有效提升了景区的服务质量、推动了文化传承和创新、提高了游客体验满意度。大同石窟寺景区的数字化发展经验和做法为其他文化旅游景区提供了借鉴和启示，同时也对数字技术在旅游领域的应用有重要的参考价值。

（4）麦积山石窟

天水麦积山石窟是中华文化宝库的一颗璀璨明珠。数字化技术的应用，对天水麦积山石窟在高质量发展方面起到了重要的推动作用。麦积山石窟景区在利用数字技术促进高质量发展中形成了自己的特色模式和经验做法。

数字技术赋能麦积山石窟高质量发展的特色模式，可概括如下。

第一，充分运用数字建模技术。数字建模技术是将物体表面的图像数据转化为数字模型的过程。在天水麦积山石窟的保护和研究方面，数字建模技术的应用可以扫描石窟中的壁画，将其转化为数字模型并进行三维重建。这样一来，游客不仅可以在石窟外观察石窟内的壁画，还可以通过虚拟现实技术进入数字模型以近距离观察壁画，了解其细节和历史背景。

第二，广泛运用虚拟现实技术。虚拟现实技术是构建人类主体感官与计算机人工环境的交互系统，为人类带来的一种类似于现实世界的体验方式。在天水麦积山石窟的保护利用方面，虚拟现实技术应用可以进行多角度的数字化展示，为石窟的保护利用提供更加真实的体验。在麦积山石窟的数字化过程中，虚拟现实技术与人工智能技术相结合，可以实现与游客的智能互动，进而为游客提供更加智能化、个性化的导览服务。

第三，全方位运用人工智能技术。人工智能技术是模拟人类智能的理论、方法、技术和应用系统的总称。在天水麦积山石窟的保护和研究方面，人工智能技术可以应用在石窟的数字化保护、数字化研究、数字化展示等方面。例如，基于人工智能的图像识别技术，可以对石窟中的壁画进行准确的数字化记录和分类，这些数字化数据可以用于石窟艺术品的保护、修复、研究和展示。

数字化技术在麦积山石窟文化旅游方面的应用很广泛，总结其主要经验做法如下。

第一，重视数字化营销技术运用。数字化营销技术可以帮助麦积山石窟景区进行精准营销，满足游客的个性化需求。例如，麦积山景区通过社交媒体平台和数字化广告平台进行石窟的宣传和推广，吸引更多的游客前来参观。同时，景区还通过数字化营销技术进行游客数据的收集和分析，了解游客需求和旅游行为，为游客提供更加个性化和有针对性的旅游产品和服务。

第二，实施数字化管理系统。数字化管理系统是利用计算机和信息技术对景区进行管理的系统。在天水麦积山石窟的管理中，数字化管理系统可以集中管理公共设施、人员、票务等方面的信息。同时，数字化管理系统还可以进行数据分析和管理决策，为景区提供更加科学化和高效率的管理服务。

第三，加强视频监控技术对景区的安全管理。视频监控技术是一种通过监控摄像头和视频传输系统，对景区进行实时监控的技术。视频监控技术可以帮助麦积山石窟景区进行安全管理和监控。通过视频监控技术，景区可以对游客和游览路线进行实时监控和管理，保证游客的安全，还可以保护和管理景区的文物。

综上可得，数字化技术在麦积山石窟的保护、研究、旅游和管理方面都起到了重要的作用。在数字化技术的应用中，麦积山石窟景区也积累了丰富的经验和特色模式，可以在一定程度上为其他文化遗产景区提供有益借鉴。

5. 推进石窟寺文化遗产数字化的政策建议

石窟寺作为中华文化的重要遗产，具有丰富的历史和文化内涵，吸引了众多国内外游客前来参观、学习和探索。在数字化时代，如何利用先进的数字技术手段来提升石窟寺景区的智慧化水平、创新数字文旅业态、增强游客的旅游体验和文化感受成为当前亟待解决的问题。在对国内四大石窟寺文化遗产景区数字化发展过程进行经验总结的基础上，本书尝试从加快数字设施建设、深化数字场景应用、创新互动体验新业态、加大技术研发力度、创新数字文旅人才培养模式和提高游客综合数字素养六个方面提出政策建议。

（1）完善数字设施建设

首先，加大投资力度，构建完备的网络基础设施和信息化支撑系统，提升石窟寺景区的数字连接能力，确保数据的高速传输和安全存储。其次，提高网络速度和稳定性，完善无线网络覆盖，优化移动支付及在线购票体验，打造数字化安防监控系统等，进而提高景区数字化服务水平。再次，建设数字化导览系统，为游客提供更加便捷、准确的导览服务。最后，建设数字化展示中心，将石窟寺的历史文化和艺术价值以数字化方式进行展示，为游客提供更加生动、直观的文化感受。

（2）深化数字场景应用

首先，开发基于 AR、VR 等技术的数字化游览应用，将数字技术应用于各个环节，包括门票预订、导览解说、展品展示等，提高游客参观体验。通过虚拟现实、增强现实等技术手段，还原历史场景，帮助游客更好地理解和感受石窟寺文化。其次，深化 AR、VR、3D 重建、多媒体展示等数字化场景应用，为游客提供更加新颖和更加互动的游览体验。同时，还需要进行数字文物保护、数字文物修复等技术研发，提高数字文物的展示和保护水平。最后，利用大数据技术，分析石窟寺景区游客的偏好和需求，优化景区资源配置和服务。

（3）创新互动体验新业态

首先，结合数字技术，打造交互式展厅、体验式活动等新型业态，提供个性化、多样化的产品服务。引入智能导览设备、语音识别等技术，增强游客与文化遗产的互动，提升参观体验的吸引力。其次，借助数字技术，推出基于 VR、AR 等技术的数字化体验项目，开发数字化互动游戏，增加游客的参与度和趣味性。最后，开展数字化文艺演出，丰富游客文化娱乐体验，打造独特的石窟寺文旅品牌。除此之外，还应结合石窟寺文化遗产的特征，推出数字化 IP 特色商品，为游客提供更加个性化、有纪念意义的旅游商品。

（4）加大技术研发力度

首先，通过税收优惠措施鼓励企业加大在数字化文化遗产保护和利用等领域的技术研发力度，积极探索新兴技术在文化旅游领域的应用，提高数字技术与石窟寺文化遗产的结合度。其次，通过与企业、高校、科研机构等单位开展合作，提升数字技术在石窟寺领域的应用水平、核心竞争力和技术成果转化效率。最后，加强知识产权保护，鼓励企业进行自主创新，增强企业在石窟寺数字化领域的核心竞争力。

（5）创新数字文旅人才培养模式

首先，进行高校课程改革，加深学科融合力度，开设数字文旅专业课程，培养具有数字技术和文旅业务的复合型人才，满足石窟寺数字化建设的人才需求。其次，加强教育培训和实践结合力度，通过与石窟寺研究院合作，建立数字化文旅实训基地，为学生提供实践性较强的实习岗位，提高人才培养质量。最后，组织开展数字文旅人才培训专班，提高数字文旅从业人员的综合素质，培养一批具有数字文旅业务能力和技术研发能力相结合的专业人才。

（6）提高游客综合数字素养

首先，开展数字化场景体验活动。通过提供培训和指导来帮助游客更好地完成石窟寺景区的旅游体验项目，以此来增强参观体验的深度和广度。其次，通过推广数字化场景应用、智慧导游、VR/AR 技术等手段，提高游客的综合数字素养，使其逐渐适应并熟练掌握数字化文化旅游的基本操作。除此之外，还可以开展数字化文化交流活动，引导游客更加积极地参与数字化互动活动，通过促进游客与石窟寺景区的文化互动和交流，提升游客的综合数字文化素养。

（四）数字赋能非物质文化遗产保护利用：以传统工艺为例

1. 数字化对非物质文化遗产保护和传承的重要作用

非物质文化遗产是文化遗产的重要类别，按照联合国教科文组织《保护非物质文化遗产公约》的定义，非物质文化遗产（Intangible Cultural Heritage）是指"被各群体、团体、有时为个人视为其文化遗产的各种实践、表演、表现形式、知识和技能及其有关的工具、实物、工艺品和文化场所"。根据公约，非物质文化遗产包括五个方面：口头传说和表述，包括作为非物质文化遗产媒介的语言；表演艺术；社会风俗、礼仪、节庆；有关自然界和宇宙的知识和实践；传统的手工艺技能。[①] 中国是非

---

① 刘芹：《非物质文化遗产展陈设计策略：传统手工艺类》，上海交通大学出版社 2022 年版。

物质文化遗产的大国，截至 2022 年 12 月，中国列入联合国教科文组织非物质文化遗产名录（名册）项目共计 43 项，总数位居世界第一；国务院先后公布五批"国家级非物质文化遗产代表性项目名录"共计 1557 项，3610 个子项；国家文化主管部门先后命名五批国家级非物质文化遗产代表性项目代表性传承人，共计 3068 人。截至 2022 年 11 月，中国的国家级非物质文化遗产代表性传承人共有 3057 人。

非物质文化遗产由于有以下四个特点，尤其需要依托数字化推进其保护和传承。第一，载体的无形性。由于非物质文化遗产的载体是无形的，保护和传承工作均需要依托于显性化过程来完成，数字化是无形载体显性化呈现的重要手段。第二，传承的代际性。非物质文化遗产依托于传承人完成代际传承，在传承过程中，受到传承人家庭、经济、传承能力的多方面挑战。数字化可以在技艺的家族传承过程中，加入社会化传承的方式，将实践性、知识性、技能性的遗产，转化为展示性、产业性的遗产，构建非遗传承的社会经济保障；并可依托数字孪生的方式，形成传承人能力的外在强化和延展，由此应对非遗传承过程中的社会化、经济化、个人化挑战。第三，传承的演变性。由于非物质文化遗产往往依托于口口相传，在传承过程中不可避免地产生形态乃至本质上的演变。依托数字技术，可以记录下传承各代的演变形态，保留及筛选本真技能。第四，传承的多样性。非物质文化遗产包括五个方面，涵盖民间文学、传统音乐、传统舞蹈、传统戏剧、曲艺、传统体育、传统美术、传统技艺、传统医药、民俗等多个类别。其传承载体、传承方式、传承内涵、传承的濒危程度各有不同，与现代文化的互动强度也有显著差异，导致其保护和传承状态差异较大。数字化能够按照不同非遗类别、状态特点，构建个性化的发展方案，并导入一体化的数字化平台中，推动非物质文化遗产的均衡化、当代化发展。

2. 数字赋能非物质文化遗产的实践：以传统工艺为例

第一，通过非物质文化遗产数字化保护工程构建"国家记忆"。1990年，美国发起"美国记忆"项目，将记录美国历史、文化的文献、图像资源数字化。1992年，联合国教科文组织发起"世界记忆"工程，对非遗进行数字化保护。由此，数字化保护进入人们的视野，成为保护非遗的另一重要方式。中国于2010年提出"非物质文化遗产数字化保护工程"，于2017年启动"中国记忆"项目，2021年中共中央办公厅和国务院办公厅发布《关于推进实施国家文化数字化战略的意见》，提出要全面梳理中华文化资源，关联文化数据源和文化实体，形成中华文化数据库。完善调查记录体系。当前，中国正在实施非物质文化遗产记录工程，运用现代科技手段，提高专业记录水平，对国家级非物质文化遗产代表性项目和代表性传承人进行全面系统的记录。其中，数字化发挥了重要的作用。手工艺的数字化，将正在逐渐老化、损毁、消失的技艺以数字为载体记录下来，从而令人类的记忆更为完整。例如，江苏省正在对重点非遗项目有计划地进行数字化采集工作，分批建立数字档案。南京金箔锻制技艺数字化采集工作历时4个多月，用来记录工艺的数据量超过1200G，积累的视频影像资料时长达3000分钟。金箔的数字化采集综合使用了视频、图片、音频、电子文档等存储方式，引入了3D扫描和虚拟现实拍摄等技术手段。3D扫描的数字档案为金箔的锻制工具提供了数字样本，以VR技术拍摄的金箔锻制工艺流程，为制作数字文创产品提供了底本。2023年，文化和旅游部发布《非物质文化遗产数字化保护 数字资源采集和著录》系列行业标准，对传统技艺的数字化采集提供了具体的引导。数字技术的引入，提供了多维度、多方式记录、保存传统技艺的手段，并为传承工作提供了数字底本。

第二，发展数字藏品，形成收藏、交易媒介。由于非物质文化遗产无形性的特征，基于非物质文化创作的作品，难以界定知识产权，非常容易受到盗版冲击。复制成本很低，导致难以形成基于版权保护的交易。这极大地限制了非物质文化遗产的交易规模，导致基于非物质文化遗产的创新缺乏市场主体的支撑。非物质文化遗产的利用，呈现出平面化、浅层化、形式化、博物馆化的总体特征，创新性不足。[①] 数字化技术的发展，产生了数字藏品这一手段，补上了非物质文化遗产保护和传承的市场缺环。数字藏品是通过区块链技术加密，为作品打上防伪编码，使作品具有唯一性的藏品形式。手工艺通过数字化的手段形成数字藏品，使其可以追根溯源，明确版权并进行交易。数字藏品解决了手工艺产业化的三方面问题：一是使手工艺的数字内容资产化，数字藏品的出现拓宽了基于手工艺的数字资产的边界，手工艺可以在各个维度上进行数字创作，并形成可交易品，这提升了手工艺数字内容的可交易性；二是依托区块链技术保证资产的唯一性、真实性和永久性，有效解决了确权问题；三是去中心化的交易模式提高了手工艺内容创作者的地位，形成了以创作者为中心的交易平台。因此，自数字藏品技术获得发展以来，基于手工艺的数字藏品获得了快速发展。根据 iBox 链盒发布的《新时代的新国潮：2023 非物质文化遗产数字藏品研究报告》，非遗类数字藏品在整个数字藏品热度榜上排第 4 位，受欢迎的非遗数藏类型包括刺绣、剪纸、瓷刻、南京云锦等，均为手工艺类的数藏。

　　第三，推动传统工艺的数字化交易，构建产业集群。近年来，中国文化消费载体移动化、短视频化的趋势非常明显。CNNIC 的数据显示，截至 2023 年 6 月，中国手机网民规模达 10.76 亿人，网民使用手机上网的比例为 99.8%。其中，短视

[①] 李峰：《非物质文化遗产展示叙事研究》，博士学位论文，中国艺术研究院，2021 年。

频和直播已经成为传统工艺数字化的重要载体。中国短视频用户规模为10.26亿人，占网民整体的95.2%。在此趋势下，短视频已经成为传统工艺数字化的重要舞台。非遗传承人通过触网，在短视频平台上展示传承技艺，形成由点击、点赞、转发、分享构建起来的文化影响力，并由此形成产业链条，推动工艺的保护和传承，成为非遗传承的重要途径。抖音发布的数据报告显示，2022—2023年，非遗传承人电商直播时长达到7.7万小时，非遗挂车短视频播放量为8828万次，货架场景带动非遗产品成交额同比增长370%。传统工艺通过短视频平台完成数字化传播，取得了多方位的成效。第一，通过传统工艺的社会化传播，扩大传统工艺的文化影响力。通过短视频和直播，传统工艺获得了很高的观看量，并转化为相关工艺品的电商销售量，强化了传统工艺的文化影响力。例如与景泰蓝、玉雕、雕漆等合称为"燕京八绝"的花丝镶嵌，是非常繁复的贵金属手工技艺，历史上主要用于皇家饰品的制作，传承久远。2008年花丝镶嵌被列入第二批国家级非物质文化遗产名录，2018年再被列入"第一批国家传统工艺振兴目录"。这种工艺在传统传承保护通道里，已经较难获得发展。而花丝镶嵌技艺非遗传承人何青，通过入驻短视频电商平台，一年多时间里收获230万"粉丝"关注，售出超20万件工艺产品。[①] 第二，通过"工艺+电商"为传承人带来生计，推动工艺的传承。非遗传承保护最大的难点是如何解决传承人的生计问题。马知遥指出，"大多数的非遗起初不是用来观赏的，而是谋生的一种手段。当非遗不能养家糊口，必然带来自身危机"[②]。例如，广西灵山竹编技艺经历了

---

① 《与旅游深度融合，网上非遗传承就是这么"火"》，2023年6月26日，中国侨网，https://baijiahao.baidu.com/s?id=176973324581 2296393&wfr=spider&for=pc。

② 马知遥：《非物质文化遗产生存的困境解析》，《长春市委党校学报》2012年第2期。

由盛到衰的过程，20世纪80年代灵山竹编远销东南亚，镇上有2000多户竹编人家，但近年来竹编出口量锐减，到2015年只剩下了10多户。2020年，广西灵山平南镇的"90后"姑娘刘霞冰注册短视频号"@刘家人竹编"，打造出"爆款"猫窝，带动600多人增收就业。再如，琉璃烧制技艺手艺人李先鹏通过短视频号展示精美的琉璃制作工艺，收获了超百万"粉丝"关注，仅琉璃葫芦单品就售出数十万单；宁夏银川市非物质文化遗产"乔家手工皮艺"第三代传承人乔雪，在短视频平台做手工皮艺的直播，吸引50多万"粉丝"，累计卖货几百万元，并创立了属于自己的品牌"乔师傅"。第三，吸引年轻人就业，优化传承人年龄结构。在越来越多的成功非遗传承模板下，年轻人开始成批加入非遗传承的队伍。在抖音电商上带货成交额居前100位的非遗传承人中，有37%是"90后"，12%为"00后"，形成了传统工艺"自造血式"的发展。第四，形成产业集聚，依托手工艺上网，形成了南平茶产业带、梧州茶产业带、苏州玉雕产业带、揭阳玉器产业带、景德镇瓷器产业带等非遗产业带，产业的集聚和放大，推动了非遗的传承和发展。

3. 数字赋能非物质文化遗产的发展方向

在充分认识到数字化技术对非物质文化遗产赋能能力的基础上，要努力搭建信息库，推动互联网平台为非物质文化遗产的数字化发展赋能，构建文旅融合的非物质文化遗产数字化产业平台，形成基于数字化的保护—传承—发展链条。

第一，搭建非物质文化遗产数字信息库。以数字化的手段留存、记录非物质文化遗产，是保护和传承非物质文化遗产的基础工作和出发点。要建立系统化、体系性的工作方法，依托工作标准，将不同地域、不同民族、不同亚文化、不同发展时期的非物质文化遗产归集到文化遗产数字信息库中，形成对非物质文化遗产全真、全维、全要素的记录。在此基础上，搭建数据库的分类体系。以此为基础，形成非物质文化遗产研究和开发两个维度的发展体系：一是保护和管理非物质文化遗产，对其进行充分研究，从中挖掘中华文明的特质；二是形成基于非物质文化遗产的开发体系，形成活化利用和创造性转化。

第二，推动互联网平台为非物质文化遗产的数字化发展赋能。要充分发挥好互联网平台对非物质文化遗产的产业转化作用，依托互联网平台推动非物质文化遗产的上网、展示、传播、创新。让越来越多的传承人、越来越丰富的非物质文化遗产品类上网；让非物质文化遗产通过互联网平台，孵化越来越多的"粉丝"；让非物质文化遗产基于互联网平台，进行更多的创新开发，形成更多的文创产品；让传承人通过互联网平台获得更多的收益，更好地将非物质文化遗产传承下去。[1]

第三，构建文旅融合的非物质文化遗产数字化产业平台。要充分利用好数字化赋予的非物质文化遗产场景化发展能力，推动文化和旅游的融合，让数字赋能的非物质文化遗产成为文化旅游新场景的重要组成部分，让更多的居民和游客通过这种赋能与融合，身临其境地感受中国非物质文化遗产的魅力，愿意更多地接触与感受非物质文化遗产，愿意将相关的文创产品带回家，由此形成数字化、非物质文化遗产、文化旅游消费的良性互动，真正将非遗融入文化和旅游消费的血脉中去，在此过程中推动非物质文化遗产的保护和传承。

---

[1] 杨慧子：《非物质文化遗产与文化创意产品设计》，博士学位论文，中国艺术研究院，2018年。

七 案例分析

（一）文物活化案例

文物承载着灿烂文明，传承着历史文化，维系着民族精神，是文教昌明的历史见证。文物活化是利在当代、益及后代并带动关联产业发展的伟大事业，不仅需要国家政策文件作为支撑和引领，也需要地方的创新探索和实践。通过梳理发现，山西举全省之力保护低级别文物"活下去"的创新探索、大数据时代浙江省杭州市良渚遗址公园创新大遗址治理与发展的探索以及故宫博物院通过内容营销开发了一系列数字产品与实物文创产品，让文物融入时代和生活的探索均从不同角度生动地示范了文物活化传承的新思路。这些案例以文物活化利用为重要抓手，充分发挥了文物对经济社会发展和人民精神文化生活的提振作用，实现了历史文物与现代建设的"交相辉映"，成为新时代文物活化实践的生动样本。

1. 山西为文物古建"遮风挡雨"，让低级别文物"活下去"

低级别文物主要是指市县级文物保护单位和一般不可移动文物，即文物保护法中表述为尚未核定公布为文物保护单位的不可移动文物。由于地方财力相对有限，文物资金保障从国家到省、市、县逐级递减，数量庞大、类型多样、分布零散的低级别文物，在整个文物保护体系中长期处于相对"弱势"的地位,保护管理难度大、保护经费缺口较大、安全隐患尤为突出。只有让低级别文物"活下去",才有希望"活起来"。

山西是不可移动文物资源大省,村村有古庙,处处有古建。第三次全国文物普查结果显示,与第二次普查结果相比,全国有44129处不可移动文物登记消失,其中大部分是低级别文物,山西省有2740处。[①] 2021年,山西省因暴雨遭遇不同程度险情的不可移动文物达1783处,其中受损数量最多的是低级别不可移动文物,出现803处险情,占全部受灾文物的82%以上。[②] 这些文物大多暴露在室外环境,更易受到风霜雨雪等自然气候的侵蚀。长期以来,由于关注度不够、投入保障不足、管理不到位等因素,保存状况堪忧,亟须采取有效措施全面加强保护。暴雨让山西逐渐重视低级别文物保护。2022年,山西省文物局组织开展了全省低级别文物专项调查,调查结果显示,全省低级别不可移动文物共5万余处,约占山西省第三次文物普查结果总量的94%[③],位居全国第四位。近年来,山西省在文物保护方面做了大量工作,诸如推行"文物认养"及适度利用推动全省力量参与低级别文物保护,利用政府一般债券保护低级别不可移动文物、将文物工作纳入年度目标责任专项考核,建设文物安全数字化监管平台,启动免费培养、定向分配文物全科人才等一系列有力措施,这些工作都走在了全国的前列。山西省坚持政府主导,着力健全社会参与机制,开创了一条特色低

[①] 《部分低级别文物因持续大雨受损,山西积极探索解决之道》,《人民日报》2021年11月22日。

[②] 《山西将出台"不可移动文物退出管理暂行办法",已征求各市意见》,2021年10月18日,山西文物局网站,http://wwj.shanxi.gov.cn/gzdt/sxxx/202110/t20211025_2864954.shtml。

[③] 《为低级别文物古建"遮风挡雨"!山西省探索利用政府一般债券保护低级别不可移动文物》,2023年7月18日,国家文物局网站,http://www.ncha.gov.cn/art/2023/7/18/art_1027_183020.html。

级别文物保护之路，不断释放文物保护利用的动能与潜力。

（1）文明守望工程：发动社会力量保护低级别文物

山西近 5.4 万处不可移动文物中，有 4 万多处为低级别文物，在这其中又有将近一半处于无人看管的状态。面对繁重的文物保护工作任务和拓展利用的实际需求，仅靠各级政府的投入是远远不够的。因此，发动社会力量参与是破解山西文物保护瓶颈的有效途径之一。为保护文物，特别是那些以往处于人们关注盲区的低级别文物，山西省近年来进行了多元化探索，其中之一是推出了中国首个省级政府主导社会力量参与文物保护工程——"文明守望工程"。

2016 年 3 月，《国务院关于进一步加强文物工作的指导意见》提出，对社会力量自愿投入资金保护修缮市县级文物保护单位和尚未核定公布为文物保护单位的不可移动文物的，可依法依规在不改变所有权的前提下，给予一定期限的使用权。[1] 该意见在文物国有的权限之下，为社会力量的参与提供了一种可能性。在国家政策引导下，文物大省山西于 2017 年 3 月印发了《山西省动员社会力量参与文物保护利用"文明守望工程"实施方案》。该实施方案中重点提出要多措并举，将社会力量参与文物保护利用引向深入，实施文物建筑"巨手擎"项目，推进文物建筑认领认养工作，积极鼓励和引导社会组织、企业或个人通过出资修缮、认领认养等方式，参与市、县级文物保护单位和其他不可移动文物的保护利用。方案还提出，市、县人民政府及其文物行政部门要选择一批适合社会力量参与的文物保护利用项目，遴选热爱文物保护事业、经济实力强、社会信誉高的申请者，签订认领认养协议，在不改变文物所有权的前提下，

---

[1] 《国务院关于进一步加强文物工作的指导意见》，2016 年 3 月 8 日，中国政府网，https://www.gov.cn/zhengce/content/2016 - 03/08/content_ 5050721.htm。

在一定年限内给予认领认养者使用权、经营权。

2017年4月15日,"文明守望工程"在山西省介休市张壁古堡启动,山西省内252处市、县(区)级文物保护单位被列入第一批供选项目名单。在社会力量参与的过程中,民营企业家是文物认领的重要力量,加以适当激发,能产生不小的动力。为带动更多民营企业加入文物保护的行列,政府通过省文物局和省工商联签订《推进文明守望工程合作框架协议》,组建民营企业参与文物保护利用专家组,不定期召开民营企业家参与文物保护利用座谈研讨会,搭建资源共享、信息互通的平台,引导省内外大型企业签约认养文物建筑,短短三年已经有40多个项目落地生根。民营企业投入的资金充足、涉及的项目丰富多样,且多立足于文旅业态开发。既加快了低级别文物保护的步伐,又盘活了当地旅游资源,推动了区域经济发展。

与资金充足的大型企业相比,小企业、个人出资者则面临着更多的经济压力。为了解决小企业和个人认养者的资金问题,山西省各地政府立刻采取奖励、补贴政策来鼓励村民的善举。2019年6月,山西省文物局和相关部门围绕不可移动文物认养政策、非国有博物馆创建与设立、文创产品研发等重点内容,出台了支持社会力量参与文物认养的"十项政策",允许认养者在文物建筑周边可利用的发展用地范围内,依法合规适度开展相应的建设或经营活动,明确税收优惠、经费补助、人才培训、专业指导等方面的政策链条,进一步优化社会参与环境,让参与者真正享受到政策红利,使其参与文物保护利用的潜力和动能得到最大释放,推动了大量低级别文物建筑有人管、在利用、出效益。

加强政策扶持、吸引社会力量,对低级别文物保护利用具有十分重要的意义,但这并不意味着所有的认养都能被允许,更不代表认养后可以"自由发挥"。政府在事前审查认养主体问题上,除了登记备案,还要对个人或者企业的社会信誉、经济实力进行评估。对不能胜任文物保护利用和在文物保护过程中出现重大纰漏的，要予以劝退，确保文物利用合理、适度。在事中、事后监管方面，山西省2019年出台《关于加强文物建筑认养管理工作的意见》，要求责成专人对已认养文物建筑进行回访，并建立认养建筑维修保护评估机制。对于正在维修保护的，要加强对施工全过程的检查，及时发现问题，及时处理；对于确实没有能力履约的，及时终止认养协议，由县文物主管部门统筹做好后续保护管理工作。真正确保了文物认领认养工作，事前筹备到位、事中执行到位、事后核查到位。

整体上看，"文明守望工程"推动构建了"政府主导、社会参与、成果共享"的文物保护新机制，在文物认养认领上形成了社会资金只修不用、社会资金修用一体、政府修缮引导社会出资利用、社会力量参与守护四种模式。社会资金只修不用模式是指社会力量参与文物建筑的环境整治及展示，工程完工后交由地方文物局、文管所管理。例如，民营企业家王铁生捐资了400余万元，对市级文物保护单位孝义小垣村龙天庙进行主体修缮保护。聘请专业队伍，在文物部门的指导下，依照文物部门的方案进行修缮，使得昔日破旧的古庙重新焕发了生机。完工后的龙天庙继续交由地方文物部门进行管理，作为农民的公共生活空间。社会资金修用一体模式是指社会力量出资用于低级别文物的保护、开发、建设工作。例如，山西凯佳集团对介休市张壁古堡的保护和利用。在介休市龙凤乡，最早进行认养项目的山西凯嘉能源集团投资4亿元用于张壁古堡的修缮、保护、开发和建设，积极探索"旅游+文化+体育"多元发展模式，举办展览、讲座等，营造保护文化遗产的良好社会氛围，促进了当地社会经济发展、物质遗产活化利用和非遗展示。政府修缮引导社会出资利用模式旨在吸引更多企业在山西本地落户，通过转型促进低级别文物传承发展。例如，2017年6月阳城县的民营企业家韦建军与千年古村落中庄村合作，对政府修缮后的中庄村古民居进行再利用，将李府改造成为明朝风格客栈和餐厅，带动了当地200余名劳动力就业，人均月工资达3000余元。不仅让古村换新颜，也让农民走上共富路。社会力量参与守护模式中，主要社会力量是志愿者团队，山西各地已经出现了不少致力于文物保护的志愿者团队，有钱出钱、有力出力、有点子出点子的新时代文物保护利用新格局在山西慢慢形成。

截至2022年年底，全省认领认养文物建筑421处，吸引社会资金5.4亿余元，大批濒临损毁的文物建筑重获新生。认养主体也越来越丰富，已从民营企业家扩大到村集体、从一县到全省等。各地社会力量参与文物保护方面的热情高涨，一些古民居院落成了民宿客栈，一些打造成研学基地，一些成为当地老百姓的书屋。

当前，文物保护事业正处于乘势而上、大有可为的机遇期，需要逐步开创政府主导、部门负责、社会参与的良好局面。山西省"文明守望工程"在全国首开先河，在山西落地生花。如今在山西，那些曾经荒村古庙、断壁残垣的文物，在政府和认养人的合力保护下重新"活下去"，修缮后重新开发的居民博物馆、纪念馆、旅游景点让沉睡的低级别文物"活起来"。社会力量参与文物保护利用的势头初显，给文物保护工作带来了希望和活力。尽管当前被认养的文物只是众多低级别文物中很小的一部分，但"文明守望工程"为社会力量参与文物保护开启了破冰之旅，让社会对参与文物保护利用的认识更加深刻，这趟破冰之旅为之后各地文物活化工作的"融冰"带来了灵感与机遇。

（2）利用政府一般债券：保障低级别文物"有钱修"

低级别文物保护的困难很大一部分源于财力问题。国家文物保护专项资金由中央财政每年向各省份拨付，2019年以前这部分资金主要流向国保单位，2019年实施的新版《国家文物保护专项资金管理办法》调整了文保资金的体系范围，总体趋势向更低级别文物倾斜。该管理办法提出，省级及省级以下文保单位也可从国家文保专项资金中获得支持，但是比例有限制，省级及省级以下文保单位申报的预算不得超过本省补助资金的15%，大部分资金仍然是用于国保单位。那么如何有效保护这些数量庞大却受关注较少的低级别文物，对财力不足且保护任务繁重的市县来说任务十分艰巨。

据估算，山西省低级别文物全部修缮所需资金约为200亿元，实施重点修缮和抢险加固的资金需求约为80亿元。为了改善低级别文物的保存状况，切实填补低级别不可移动文物保护的财政支持空白，2022年年底，山西省文物局和山西省财政厅联合发布《关于利用政府一般债券全面加强低级别不可移动文物保护的通知》，首次明确鼓励市、县（区）充分利用政府一般债券，对低级别不可移动文物实施全面保护。按照"政策上宏观支持、管理上微观推进"的思路和十年（2023—2033年）预期，山西省文物局指导并督促市、县文物部门以低级别不可移动文物资源调查为依据，分年度储备项目和实施修缮，确保在"十四五"末实现全省低级别不可移动文物重大险情及时排除，到2033年年末，全面改善低级别文物保存状况，达到应修尽修，全力推进文物安全监管平台建设，牢牢守住文物安全底线。为确保此项工作顺利实施，山西省文物局进一步明确，利用政府一般债券支持低级别不可移动文物保护利用工作，将纳入2023年文物工作专项考核。运用"双随机、一公开"的监管方式进行抽查检查，采取层层递进、分级赋分的方式进行，总分达到14分。由于各市情况及问题有所不同，为确保利用政府一般债券实施低级别不可移动文物保护利用工程和安全监管平台建设工程顺利推进，政府将充分发挥包市帮扶工作机制的作用，通过专题调研，进一步了解各市在执行政策的过程中存在哪些阻力和困难，针对如何化解阻力提出解决思路、完善配套政策，进一步彰显政策红利，努力走出一条低级别不可移动文物保护利用的新路。

截至2023年6月底，山西省已安排低级别文物政府一般债券2.7亿余元。多地工程已颇见成效，一座座正在修缮的文物古建，重现了昔日的芳华和文明。以长治市为例，在5万多处不可移动文物中，低级别文物占据绝大多数，共6359处。长治市2023年利用政府一般债券加强低级别文物保护总额达1.3亿余元，占全省总数的40%以上，75处低级别文物修缮中，46处正在施工，29处正在办理手续。此次修缮的机会既保护了历史遗存，又留住了乡愁记忆，也为一村一景建设提供了更多的机会。

（3）政策东风助力，实现科技与人才双轮驱动

为了解决历史建筑损坏严重、修缮困难等问题，山西省运用数字技术辅助完成低级别文物的基础性考古和档案资料整理工作。从2023年起，山西省组织开展低级别文物灾害因素分析评估、保护材料及工艺研究和病害成因及治理等技术攻关，研发文物建筑防雨雪等保护装备，实施了濒危文物抢救性数字化采集工程。2023年4月，山西省财政厅提出，每年单列2000万元专项经费用于开展"山西省古建筑彩塑壁画抢救性数字化保护项目"[1]。项目一期为长治市和晋城市的22处国省保单位、63处文物（其中有41处为低级别文物）进行抢救性数字化保护。项目利用航空摄影测量、地面激光扫描、高精度三维扫描、近景摄影测量、高清晰平面扫描和高清晰图版记录的技术手段，真实记录建筑本体、彩塑壁画、赋存环境的空间结构、色彩信息、保存状况等基础信息，并进行数字化勘察与文物健康状况

---

[1] 《山西省文物局机关2023年4月政府采购意向》，2023年3月15日，山西省政府采购网，http://wwj.shanxi.gov.cn/zwgk/zfxxgk/zdgkjbml/ztfl/zbgg/202303/t20230315_8156868.shtml。

评估。通过数据扫描可以清楚地查看到古建筑或者彩塑的病害量，以及更为精准的病害位置，并且可以在电脑上建模，形成动态的影像图，更便于古建筑专家们进行工艺分析和保护。项目一期计划给正处在濒危道路上的236座单体建筑、2537平方米壁画、30尊彩塑等文物建立数字化信息保全档案，运用三维数据采集、三维模型重建、数字孪生等数字技术，让古建筑"重生"。在对应的数据库中，还能从建筑本体、院落布局，再到不同庙宇之间的壁画、彩塑等方面，全方位欣赏到古建筑的全貌，为后期文物保护、管理、利用、研究、展示、传播提供科学支撑。

对于低级别文物来说，其保护与传承工作不仅需要解决资金问题，还需要解决基层文保人员匮乏的问题。截至2021年年底，中国文物行业的从业人员仅有17.57万人[1]，与海量的文物数量相比，从业人员数量捉襟见肘，一些文物大市大县的文物保护管理机构力量也较为欠缺。山西省文物局一直在探索解决基层专业人才短缺问题。一是增加编制岗位，扩大就业。近年来，山西省、市、县级文物保护机构新增编制800余个。其中，新组建的山西博物院、山西省考古研究院、山西省古建筑与彩塑壁画保护研究院三个省级文保和考古事业单位，一次性核增财政拨款事业编制182个；市县文物系统工作队伍调剂增加了497个事业编制、129个行政编制。二是推行文物全科人才免费定向培养计划，帮基层文保"把根留住"。2022年5月，山西省文物局会同省教育厅、省财政厅、省人社厅、省委编办五部门联合印发了《文物全科人才免费定向培养实施办法》，同年文物全科人才培养计划正式实施。从2022年起，山西连续5年面

---

[1]《"十四五"我国将大力提升文物科技创新能力　力争文物科研人员数量增长25%》，2021年11月3日，央广网，https://news.sina.com.cn/o/2021-11-03/doc-iktzscyy3433106.shtml。

向全省117个县（市、区）定向培养600名文物全科人才，委托山西大学培养。文物全科人才由省财政部门全额负担在校学习期间的学费、住宿费、教材费、实习费、生活补贴；学生毕业后直接到县（市、区）及以下文物保护事业单位定向就业，入职后为事业编制。通过定向招生、定向分配、免费培养，着力破解基层人才回不去、留不住、短缺的困境。此外，山西省对文物全科人才的培养突出实践性、实操性。在文物全科人才的四年培养中，两年半为理论学习，一年半侧重实践教学。通过实践帮助学生尽快承担起基层的文保工作。在培养方案的制定上，既注重全科，也强调特色。文物全科人才的培养方案由山西大学与山西省文物局共同制定，单独编班。在课程设置上，既有专业基础课程、文史哲方向的通识课程，也有某一领域的精深课程、体现山西文物特色的课程等。以丰富多彩的课程为学生打好底子，培养学生对文物事业的热爱和敬畏之心。近日，山西省文物局、山西大学报送的"考古学（文物全科）人才培养让基层文保后继有人"项目入选国家文物局文物事业高质量发展十佳案例。山西省在人员队伍结构上不断优化，提升文物管护和科研能力，夯实基层文物保护力量。这一基层文保人才的创新培养方式为基层文物事业打下了坚实的人才基础，以便适应新时代文化遗产事业发展的迫切需要。

多年来，山西省紧紧围绕文物文化振兴和社会民生发展，以文物安全为底线，以科学保护为前提，以融合共享为根本，以改革创新为动力，走出了一条新时代低级别文物建筑保护利用与城乡协同发展的共赢之路。当前低级别文物保护依然问题突出，仍然面临着保护任务繁重、管护力量不足、产权问题复杂、合理利用滞后等现实问题。多数低级别文保单位地处偏僻、交通不便，本身规模小，缺乏旅游开发价值。这些都影响了文物的合理利用，但先有"融冰"，而后才有"破冰"，首先要让低级别文物"活下去"，做好保护修缮，而后才能更好地运用于全面活化。山西对低级别不可移动文物保护的重视，是深得民心之举，也是为城市建设添加"人情味"和"归属感"的深情举措。文物虽有级别，但本质上并没有"贵贱之分"。数量丰富、类型多样、分布广泛的低级别文物，是中华优秀传统文化的实物载体和中华民族历史记忆的传承纽带。对于山西这一文物大省的居民来说，这些所谓的"低级别古建"恰是童年时被当作教室的观音堂，是老人们下棋乘凉常去的老爷庙，是马路边聚了许多菜摊的琉璃照壁，它们早已经和城市文化、居民记忆融为一体。它们是城市居民家门口的"高级别"宝藏，保护"家门口"的文物，是对城市文化、乡愁记忆的深情守望，也体现了有关部门接地气、办实事的工作风范。

2. 杭州良渚古城遗址公园：数字化时代大遗址的创新性保护

2023年6月15日，杭州亚运会的火种在杭州良渚古城遗址公园成功采集，寓意着良渚文明之光穿过岁月时空、点燃了新时代的亚运之火，象征着体育精神传承发扬、赓续不竭。良渚文明再一次走进了全世界的视野。

良渚古城遗址于2019年7月6日被列入世界文化遗产，被誉为"中华五千年文明史的圣地"。良渚古城遗址公园（以下简称"良渚遗址公园"）包含良渚古城遗址的核心区域，以及陈列良渚文化相关文物的良渚博物院，瑶山遗址、汇观山遗址等祭祀遗址，于2010年被列为中国首批国家考古遗址公园。多年来，良渚遗址公园持续放大申遗成功效应，不断创新保护展示模式，积极探索大遗址保护管理与治理结合、人文与自然融合、历史与现代包容的良渚实践，为中国大遗址的科学保护与活化利用提供了具有启示性、示范性、借鉴性的参考。

（1）以数字化创新遗址文物保护与监管模式

由于大遗址面积大、分布广、等级高，在保护与监管方面往往存在着较大难度。良渚古城遗址的遗产区和缓冲区共占地114平方千米,其中重要遗址点多面广,面临人力少、管控难、压力大等问题。为实现遗产地更有效的保护,良渚古城遗址采用"物联网+GIS+遥感技术"实时监测,在土壤、空气等环境中布设传感器,对遗址本体和周围的自然环境重点监测,并结合运用GIS技术、遥感技术,进行日常巡查与大数据分析,实现对良渚遗址本体和周围环境的预防性保护和管理决策的数据支撑。2018年9月,良渚遗址公园建成上线了良渚古城遗址监测预警平台。该平台集地理数据、监测数据、业务数据为一体,是一个实时性、动态化监管的超级中枢,具备了一个世界遗产数字驾驶舱的雏形,能够实现全天候高效采集遗址公园内的文物本体、环境气候、安全防范、自然灾害、游客管理等数据信息,通过汇总、计算,生成相应"指标"并加以分析,为实时预警和遗产保护提供可靠的依据。2020年,良渚遗址管理区管委会将监测预警系统升级搭建成良渚古城遗址"遗产大脑"综合管理平台。"遗产大脑"以良渚古城遗址监测预警平台为基础,同时搭建了面向管理层的良渚古城遗址数字驾驶舱,以及面向用户层的"良渚古城"小程序,形成了"两端一平台"的架构。"遗产大脑"集成了遗址保护管理所有业务单位的数据信息,实现了数据系统互通,为管理者即时、动态掌握遗址全域状态提供了强有力的数据支撑,也为拉近公众与文化遗产之间的距离、实现遗产保护的社会化提供了一个强大的平台。[1] 2021年,良渚遗址管委会在"遗产大脑"的基础上启动了"文物安全365工程",根据遗址性状、风险评估等因素,将大遗址区域内的300多处遗址点设定划分为相应管理等级,建立领导干部

---

[1] 《良渚古城遗址"遗产大脑"发布 将实现遗产数据智能监测预警》,2020年11月5日,中国新闻网,https://www.chinanews.com.cn/sh/2020/11-05/9331465.shtml。

分片包干责任制，实行严格分级管控，执行重点遗址巡逻打卡、全员化文保巡查和多部门协同联动机制，成功构建了政府、专家、居民等多方主体共防共治的大遗址保护生态圈。

潮湿环境下的土遗址保护是文物保护领域的世界性难题。良渚遗址公园地处南方潮湿环境，难以避免地存在着渗水、干裂、表面粉化脱落、失色、生物病害等，暴露在空气中的南城墙和老虎岭水坝剖面两处遗址点尤为严重。为此，杭州良渚古城遗址世界遗产监测管理中心与浙江大学、敦煌研究院、中国文化遗产研究院等多家高校及科研院所持续开展科学研究，实施良渚古城南城墙、外围水利系统老虎岭遗址保护工程。通过数据分析、日常监测等方式对技术效能进行实时验证，除了两处遗址点的技术验证，2022年，良渚遗址管委会持续推进"一中心、一基地、一实验室"土遗址科技保护体系建设，搭建了国家级平台"国家古代壁画与土遗址保护工程技术中心东南分中心"，与敦煌研究院合力推进良渚遗址考古剖面劣化机理及预防性保护技术研究；联合中国文化遗产研究院、浙江省文物局、浙江大学，成立了潮湿环境土遗址监测保护研究基地；还打造了潮湿环境土遗址保护实验室，力求发挥多方智慧，高效攻坚潮湿环境土遗址保护这一世界性难题。

除了集聚高校及科研机构力量保护遗址，良渚还进一步发挥数字化优势，推进大遗址治理研究。2022年4月，良渚遗址管委会在"良渚古城遗址监测预警平台"运行多年的基础上，打造了"良渚遗址5000＋"应用。该数智应用按照"1＋4＋N"的场景架构，聚焦文物"发掘—保护—研究—利用"这一闭环体系，建设了大遗址空间管治、大遗址文物安全网格智治、文物价值研究共享、"文物＋"智慧应用四个子场景，实现了"数字实时监测＋网格双重监管＋空间规划管控"的强化保护模式。在文物价值研究共享方面，良渚遗址公园严格对标"国家文化数字化战略"，首创了基于地理信息的大遗址数据库建设规范标准，整合了近 50 万条良渚研究数据，构建了良渚文化遗址、遗迹、遗物等 10 大类数据库；按照建立"国家文化大数据体系"要求，结合良渚遗址自身分布特点，通过"数据+算法"，对海量良渚文化相关研究资料进行全量化归集、结构化梳理、精准化标签、分层次开放，为不同需求的群体接触良渚文化提供渠道。同时，还建立文物研究赋能文物利用的共用机制，引导学者专家对良渚文化蕴含的价值理念进行普适化、标准化、产业化阐释，打造了良渚学术研究"共建共享"新模式，发动社会力量参与良渚文化的学术研究、文化交流、国际传播，推动文物资源禀赋有效转化为文化发展动能。

（2）以数字化创新文物陈列展示与体验形式

文物的陈列展览工作是让文物走进日常、让文化遗产保护成果为全民所共享的关键环节。由于大遗址保护的天然限制，其旅游开发程度受限，普遍存在着遗址本体可观性、游览性及趣味性较弱等现象，面临着在合理保护遗址本体的前提下如何实现更有效地对文物遗迹进行陈列展示的难题。为了解决大型土遗址陈列展示的难题，良渚遗址公园率先实现 5G 全覆盖，并充分发挥数字经济的优势。在 5G、数字修复、VR、AR 等科技手段的支撑下，良渚公园内文物的陈列展示采用了"现场+场馆"的方式，实现了良渚古遗址场景的活化还原，为良渚古城文化遗产的开发利用拓展了空间。

2019 年 10 月 31 日，中国宣布 5G 正式商用。良渚古城遗址于当日正式发布"双 5"计划，宣布良渚遗址公园将成为全球首个 5G 全覆盖的国家遗址公园，充分发挥杭州市作为 5G 建设的先行区的技术优势，运用 5G 技术赋能讲好良渚故事，让世界遗产"活"起来。作为全国首个 5G 全覆盖的大遗址公园，良渚遗址公园在充分尊重遗产真实性、完整性和保护有效性的基础上，将各种新颖的科技手段引入文物展示、数字演示、场馆展示中。既保存了遗址本体及周围环境，又极大地提升了公园的观赏性、可视性和趣味性，增强了游客的参与性、体验性与互动性，拉近了古老文明与现代文明的距离。

为了进一步创新良渚遗址公园的智慧旅游产品和服务体系，2020年国庆假期，良渚遗址公园开发的"智慧大脑"系统1.0版本投入使用。公园管理人员能通过此系统实时观测到园区内游客数量、游客密集地区、观光车分布位置及电量情况等，根据人流密集情况及时调配观光车辆、协调人员维护秩序，进行更有针对性的策划活动，确保高峰期园区内安全有序。2021年，"智慧大脑"旅游管理系统2.0版本投入使用，升级版的"智慧大脑"数据更加精准、画面更加清晰，也更人性化。游客能快速在园区的可视化大屏上查询车流、客流量等数据，管理人员通过手机就能对园区内情况进行全域性把控，为及时判断景点人流密集程度、及时引导和疏散聚集的游客、确保游客优质的游览体验提供了强有力的支持。

如今，在良渚遗址公园内的部分点位，针对不同人群增加更多体验性、互动性环节，打造博物馆综合体。游客通过佩戴智能导览系统耳机，可以实地体验全球首款集语音导览和视频画面导览于一体的AR智慧导览系统。每当到达指定景点，耳机就会自动触发讲解，便于游客详细了解各个景点、各个文物的文化内涵。在大遗址公园园区内的5G数智体验馆，游客可以戴上VR眼镜，体验良渚先民捕鱼、狩猎的生活方式，感受5000多年前良渚人民的生产与生活场景。在访客中心，游客既可以戴上"5G+AR魔镜"设备"穿戴"良渚文明时期的服饰玉饰，还可以通过"5G+MR"设备实现全景式参观珍贵文物的细节，品味最细微的良渚文化。此外，游客还能在线上体验"云展览""慢直播"，立体、真实地了解良渚文明和古城遗址的独特风貌，切身感受5000多年前良渚文明的先进和鼎盛。

（3）以"文化+"赋能遗产保护与城市品质双提升

中国大遗址公园是国际文化遗产保护理念与中国国情民情

相结合的产物。大遗址区域内外涉及土地、城镇化、经济发展等一系列问题，在遗址保护与区域经济社会发展之间存在一定程度的矛盾。大遗址保护作为一项重要的民生工程，需要协调好文化保护与产业开发之间的问题，重视文化遗产的融入性，让文化遗产保护与城市建设、市民生活和谐共生，让城市文脉有序传承、活态发展。

协调好旅游开发与遗址保护的关系是实现区域共生发展的关键。面对大遗址保护与经济发展间的矛盾，杭州市在坚持保护文物安全的前提下，以"文化＋"为切入点，持续推动良渚文化与城市建设、旅游业态培育等领域的融合发展，让文化印记浸润在当代生活的方方面面，实现遗产保护与城市品质同步提升。

2022年9月23日，余杭发布了"十大工程"，提出要加快打造杭州城市新中心，并启动实施良渚文化艺术走廊工程，建设良渚博物院二期、浙江省考古与文物保护基地等项目，打造连接良渚博物院、杭州国家版本馆和良渚遗址公园的重要节点。良渚遗址管委会以文物标识为主干，统筹衔接遗址周边的瓶窑老街、良渚街道安溪集镇等地的旅游资源业态布局，打造集中展示专题历史文化的文物主题游径，活态开发利用文创集市、公益研学、文创设计等形式，持续丰富良渚文旅供给。

2022年12月30日，杭州市余杭区委十五届七次全体（扩大）会议上正式提出建设良渚文化大走廊。2023年2月19日，杭州市第十四届人民代表大会第三次会议将建设良渚文化大走廊规划写进了杭州市政府工作报告中。报告明确指出，"谋划打造良渚文化大走廊，创造更多可亲可观可感的城市文化IP"。该走廊计划以5000多年历史的良渚文化为核心，将5000年的良渚文化、2000多年的运河文化、1000多年的径山文化串联成三大文化名片，以文化为纽带，以现代数字技术赋能，将文化资源、生态资源转化为发展资源的通道，生动展现余杭文化兴盛新图景。古遗址通过"适度开发",转化为可以被游客感知甚至激发消费潜力的旅游资源。良渚文化大走廊建设不仅能推动城市经济发展,也将有效带动沿线城乡居民生活品质提升。

作为具有代表性的浙江文化符号和文化标识,良渚遗址公园运用数字技术实现了良渚文化与科技同频共振,让古老的文化焕发新生;运用"文化+"战略将古城遗址与旅游深度融合、与创意高效嫁接,实现遗址文明传承与城市发展共融共生,成为后申遗时代世界大遗址保护的生动典范。

3. 故宫博物院让文物融入时代和生活,走进千家万户

博物馆是进行文物活化的关键环节,也是挖掘并发挥文物价值和意义的重要平台。在科技飞速发展的今天,博物馆被赋予了更多可能和期许,故宫博物院一直在探索、尝试和改进让传统文化活在当下,紧跟时代,走向未来的方式方法。

近年来,故宫博物院深耕内容营销,以开放资源的心态,围绕故宫文化设计出了一系列功能实用、独具创意的实物衍生产品,还将文物资源与数字技术紧密结合,开发了"故宫淘宝"等一系列独具一格的数字化产品,形象地复现了文物及其历史文化和场景。在这之中,每一个子产品都作为一个小的切入口,精准对接特定的内容和目标人群,成为推动文化遗产活化利用、讲好文物背后故事以及增进文明交流互鉴的重要载体,连接了受众的感情,实现了文物与受众的心神契合,真正让曾经的遗址文明走进千家万户,对于当前博物馆文物活化具有重要的借鉴意义。

(1)数字化转型为受众建构文物的数字记忆

运用数字技术记录古建筑和文物信息,始终是其打造数字化博物馆最基础也最重要的一项工作。故宫博物院网站资料显示,馆内现有藏品总量为180余万件(套),包含明清宫廷文物类藏品、古建类藏品、图书类藏品共计25个大类,其中一级藏品 8000 余件（套），院藏文物体系完备、涵盖古今、品类丰富。1992 年，故宫博物院开始尝试建设相关管理信息系统。1998 年，成立故宫资料信息中心，为更好地保护和利用故宫所蕴含的丰富文化资源，故宫正式提出建设"数字故宫"这一信息化建设的全新理念，利用先进的数字技术手段，将各种文物、古建筑乃至其背后的历史文化资源转化为数字资源，通过科学的信息化理念和系统工具对数字资源进行管理，并围绕这些数字资源展开保护、研究和利用，故宫数字化之路由此开启。2001 年，故宫博物院建立网站，在线发布文物信息。2003 年 10 月，故宫文化资产数字化应用研究所成立。这成为故宫博物院视觉传达的三维数字化开端。故宫博物院借助实景照片建模，通过三维立体扫描等数字化影像技术，将古建与文物以高清图像和数据信息的形式进行储存和汇集。这些基础数据成为故宫开展数字化项目建设的基石。随着新技术的不断发展，故宫博物院在保证文物原真性的基础上，借助 App、小程序和网站等多元载体平台，将线下展览进行动态、立体、超高清地数字化记录与呈现，让全球游客都能在线实现云游故宫博物院，并于其中建构自身的文化数字记忆。

自 2013 年起，故宫加速数字化建设进程，陆续推出了"紫禁城 600""韩熙载夜宴图""胤禛美人图""每日故宫""清代皇帝服饰""紫禁城祥瑞""故宫陶瓷博物馆""皇帝的一天""绘真·妙笔千山"等 11 款数字化产品，产品类型包含游戏类、服务类和文化类，逐渐形成自己的 App 矩阵群，让紫禁城的"数字生活"和各类故宫藏品得到了全态展示。此外，故宫博物院还通过 3D 技术与 VR 动态图像应用，形成 VR 剧场、VR 节目等文物的数字视觉传达内容，围绕动漫、文学、游戏、音乐等领域探索 IP 形象文创，打造了动漫《故宫回声》与数字音乐活动《古画会唱歌》等诸多经典作品。这些故宫出品的数字化产品让收藏在禁宫里的文物、陈列在广阔大地上的遗产、书写在古籍里的文字都"活起来",拉近了受众与古建、文物的物理距离,使受众将对文物的数字化感知延伸至对自身历史的记忆[①],让故宫文物真正地"走"进了大家的生活。

时至今日,故宫博物院的数字化进程已有20多年。多年来,随着"数字故宫"各个应用项目建设的不断推进,故宫博物院在方方面面实现了数字化。从构建数字化办公平台、开展建筑文物的数字化信息采集工作、设计丰富的数字化文创产品到开展数字移动展览服务,形成了较为完善的博物馆数字化生态体系,成为博物馆中数字化的重要标杆和引领者,重新定义了实体博物馆在公众心目中的社会价值。

(2) 实物文创与大众传媒实现文物"破圈"营销

基于故宫世界文化遗产地的独特性、观众参观的规律性,故宫博物院每日接待的游客数量是有限的,加之对于大部分受众而言,参观博物馆是文化体验,并不是生活必需品,而博物馆实物文创产品则是更好地扩大故宫文化传播广度、让博物馆文物"活起来"的重要方式。故宫博物院近年来深入地挖掘传统文化的当代表达,着重对文物审美价值的挖掘与文化内涵的再造,推出大量具有故宫文化特色的文创产品,让"高冷"的文物更加鲜活、更有温度、更好地融入人们的生活。

作为中国博物院的先行者,故宫的文创之路始于2008年,这一年故宫成立了故宫文化创意中心部门,同年12月,故宫淘宝上线,成为中国第一家开淘宝店的博物院。故宫博物院初期的文创产品主要集中于对文物的典藏复刻,注重丰富的题材以及忠实的描摹。由于此类产品售价较高,实用性较差、创意性较低,与其说是文创产品,其实更像文化产品,由此导致故宫文创销量一直不可观,即使到了2012年,故宫文创年销量也仅

---

① 吴世文、杜莉华、罗一凡:《数字时代的媒介记忆:转向与挑战》,《青年记者》2021年第10期。

有 1.5 亿元左右。

2013 年 7 月，中国"台北故宫博物院"面向社会征集创意，推出了大受欢迎的"朕知道了"纸胶带，火遍海峡两岸。故宫博物院经过深入调研学习，深刻地认识到了"文创产品"的核心在于创意，同年 8 月，故宫举办了一场"把故宫文化带回家"文创设计大赛，第一次面向公众征集文化创意，一连推出"奉旨旅行"行李牌、"朕就是这样汉子"折扇等多款产品，实现了从"文化产品"到"文化创意产品"的破圈。故宫文创迎来了真正的转折。这一年，故宫博物院的文创产品销售收入达到 6 亿元，是 2012 年的 4 倍。据不完全统计，故宫博物院已研发文创产品超一万种。不仅涵盖了文具手账、美妆服饰、家居用品等诸多与日常生活紧密联系的产品类型，故宫还定制了诸如精美的书画艺术品、充满历史气息的家居陈设、精致还原古典艺术的文物复刻等一系列高端产品。既突出了人们的精神与艺术追求，也彰显了故宫品牌历史的厚重与阳春白雪的高雅格调，真正做到了全受众覆盖。2017 年，故宫文创的年收入达到了 15 亿元。在实现 15 亿元市场营收的万余种文创产品中，有大部分为故宫版矿泉水、故宫口红、文具用品等性价比高的生活用品。这些性价比高且兼具实用性与趣味性的产品，为故宫带来良好的经济效益的同时，因为其附加属性，客观上也扩大了故宫文物的传播面。

向受众介绍和宣传馆藏的文物是文化遗产活化的重要渠道，故宫又将目光瞄准视频内容。2016 年 1 月，以大众媒介为传播载体的文化纪录片《我在故宫修文物》在中央电视台首播，纪录片以文物修复师的第一视角，让受众体验和了解文物修复背后的历程，用一个边缘选题令观众看到了故宫文化的延展性，展现了比修复文物本身更深刻的人文精神，引发了新媒体热烈的探讨。2017 年，故宫博物院通过中央电视台的《国家宝藏》节目在大众传媒上进行了第二次营销。该节目以影视化处理的方式赋予了文物生命和剧情，利用传统文化结合现代观众的视听习惯，让观众了解文物的历史故事和现实状况。2018—2019年，故宫博物院和北京电视台等联合出品了聚焦故宫博物院的文化创新类真人秀节目《上新了！故宫》。该节目将拍摄地点选在故宫，每期节目中，邀请嘉宾作为新品开发官跟随故宫专家进宫识宝，探寻故宫历史文化，并与顶尖跨界设计师联手高校设计专业的学生，每期诞生一个引领热潮的文化创意衍生品，打造"创新"与"故宫"相结合的制作模式，让观众参与文物背后的互动，给观众强烈的代入感。

故宫博物院以其馆藏文物作为文创产品开发的独特性源泉，通过将传统文化技术与现代生活创意性的结合，借用故宫文物元素的创意巧思，提炼故宫文化精髓，并融入现代生活的理解与故宫品牌的表达，设计出一件件独具特色且能赋予目标受众身份标识的内容型产品，为人们的现代生活创意赋能，也成为开启受众社交分享的一把钥匙，让故宫文化实现了从"高冷"到"接地气"的转变。

（二）非遗活化案例

非物质文化遗产是人类文明之源、世界大观之始。推动非遗的保护与传承是更好地满足人民日益增长的精神文化需求、推进文化自信自强的应有之义。随着城镇化进程的加快，现代生活方式的转变，地域性文化日渐式微，要高度重视非遗活态传承，抢抓文旅融合的发展契机，积极创新保护机制。梳理发现，以山东聂家庄泥塑赋能乡村振兴、韶山以非遗与红色旅游融合发展实现文化与经济协调共生、潮汕英歌舞在创新求变中"破圈"为代表的案例，是新时代非遗活化探索过程中力求锐意创新的生动写照，为聚力推动非遗创造性转化、创新性发展提供了新的思路。

1. 非遗活化赋能乡村振兴：山东聂家庄泥塑走出致富路

聂家庄泥塑是一种古老的传统民间艺术，造型憨朴、着色浓艳，作品动静结合、形声俱备，雅拙中透精巧、憨朴中显灵秀，有叫虎、摇猴、吧嗒孩、抱鱼娃、传说人物等众多品种。2008年6月7日，泥塑（聂家庄泥塑）经国务院批准列入第二批国家级非物质文化遗产名录。作为中国泥塑之乡，近年来，姜庄镇聂家庄村依托丰厚的非遗文化底蕴，以保护、传承、利用为主线，通过对接高校、连接群众、开拓市场、促进技艺融入现代生活，全力推动民俗文化创造性转化、创新性发展，打通了村民的致富渠道，实现了工坊得发展、群众得实惠、村集体经济得壮大的多赢局面，为泥塑技艺传承发展和乡村振兴作出了积极贡献。

（1）政府主导推动非遗旅游发展

聂家庄泥塑作为一种民间工艺品，在当地极为常见，对本地居民的吸引力很低。随着社会发展，聂家庄泥塑仅仅作为泥塑玩具的使用功能逐渐消失，转而走向旅游市场，成为一种旅游商品。在聂家庄泥塑的发展过程中，政府是推动和保障聂家庄泥塑走向手工艺产业并且影响其文化旅游空间发展方向的主导力量。2013年，聂家庄村被授予山东省十大非物质文化遗产保护特色村，聂家庄村的社区党群服务中心设置了游客接待中心、泥塑协会等不同的文化旅游功能区，以最低的改造成本丰富了聂家庄泥塑旅游空间的服务设施，也为游客和民间艺人提供了互动空间。同时，聂家庄村的党组织在团结民众集体方面起到了关键作用。聂家庄村组织镇村党员群众捐资300多万元投入旅游建设中，包括文化艺术馆、文化广场等。2020年，姜庄镇政府投资2000多万元打造了高密泥塑产业园，设高密泥塑文化艺术馆、非遗博物馆、"天下第一虎"文化广场、产学研实践基地等20多个功能区，为聂家庄泥塑实现融合性发展奠定了基础。聂家庄村依托高密泥塑产业园，大力加强文明建设，先后由高密市政府、村镇党组织牵头带领群众举办的"高密非遗艺术节""非遗成果作品展"等50余次非遗活动吸引了3万多名游客，扩大了聂家庄泥塑的知名度和销售量，聂家庄陆续被评为"山东省文化生态名村"和"山东省景区化村庄"。聂家庄村的文化旅游空间是在当地政府对非物质文化遗产保护高度重视的基础上建立起来的。

2022年10月，潍坊市当选2024"东亚文化之都"，获得了"六个优先"政策，包括优先参与国家入境旅游市场开发、优先参与《亚洲旅游促进计划》等项目，推进了文化旅游事业的转型升级。"东亚文化之都"申报的条件中，非物质文化遗产保护与传承是其中一个重要的方面，要在非遗生产性保护、整体性保护等方面体现地方特色。为助力潍坊申报"东亚文化之都"，聂家庄组织举办了非遗民俗文化节、泥塑研讨会、非遗进校园等多种非遗类文化旅游活动。借助这一机会，聂家庄村成了集中周边民间艺人的展示平台，以"东亚文化之都"申报为发展契机进行旅游革新，通过互动交流增强了传承人对民间文化空间身份的认同。

（2）非遗工坊带动村民就业增收

传统的泥塑创作常以家庭小作坊为主，村民各自为战，存在小、散、乱的问题，难以形成产业规模，加之有一技之长的人都到外地去打工，使该技术一度陷入了传承和发展的困境，非遗文化亟须保护和扶持，必须做好活态传承。

为此，2021年，姜庄镇党委借势高密泥塑产业园建成使用，鼓励聂家庄西村、聂家庄东村、南高村三个村居民联合成立昌盛泥塑农民专业合作社联合社非遗工坊，采用"党支部+合作社+产业协会"的模式，秉持见人、见物、见生活的理念，将周边设施全部浸染泥塑主题，配套建设生产车间、展销中心、培训中心等10个功能区，以32名非遗代表性传承人为引领，吸纳了120多名从业者，形成产、供、销一体链条。周边群众只要愿意学习泥塑技艺、从事泥塑生产，均可就近到工坊参加培训和务工。依托丰厚的非遗文化底蕴，聂家庄村不断挖掘传统文化资源，创新育人机制，将非遗工坊打造成产学研实践基地。截至2023年，已吸引知名高校研学团队20余个，研学人数超过5000人，周边的中小学校直接将美术课开在了这里的非遗教室。逐步完善泥塑产业园周边文旅配套设施，推动中国楹联产业基地、红高粱艺博园、泥塑产业园、产学研实践基地"串珠成线、遥相呼应"，全力打造全省首家集创意、生产、研学、民宿为一体的非遗旅游带，努力争创国家4A级景区。工坊坚持本地销售和"走出去"经营并举，积极争取各方面支持，组织工坊产品在"网红"景区、星级酒店、高速服务区等人员多的场所售卖，促进产品增收。为扩大泥塑销售渠道，工坊先后6次组织代表性传承人和工坊从业者进行直播销售培训。既以工坊为单位进行直播销售，又鼓励从业者常态性直播销售，推动月均销售数量提高20%以上。工坊还借助聂家庄"山东省文化生态名村"等品牌效应，充分发挥国家级、省级非遗代表性传承人聂希蔚、聂臣希"头雁领航"作用，邀请央视、省市电视台等媒体，对工坊紧跟时代创新创作、引领泥塑产业发展的做法进行报道，提升了工坊及聂家庄泥塑技艺的知名度。如今，在产业效应带动下，泥塑生意"水涨船高"。目前，整个非遗工坊年可加工销售泥塑产品40万个，销售收入超过1000万元，村集体平均增收20万元以上。共吸收了100余名非遗传承人，成为当地带动村民就业增收、助力乡村振兴的重要力量，先后带动周边5000多名群众从事工艺品制作，实现泥塑产业化发展，当地的村民人均年收入达到了8000元以上。

（3）传统技艺融入现代元素

为融入现代生活，聂家庄泥塑不断探索创新路径。2021年，高密市文旅局与红高粱集团推出了"高密四宝寓意形象"和

"九儿有礼"商标，进行系列化产品开发，丰富高密文创产品和旅游商品的种类。同年，非遗工坊开始与清华大学、山东工艺美院等高校建立创新合作关系，共同开展泥塑产品研发，把当地传统文化融入艺术品，先后开发十二生肖、党建主题叫虎及树脂尼尼虎、生活功能虎等多个系列文创产品，将当地的红纸对联文化融合到文创作品的包装中，将"祥虎叫福来到"等美好寓意的文字印到了包装上。聂家庄泥塑种类日益丰富，如今已由叫虎、叫鸡、摇猴"老三样"发展出270余个新品种。聂家庄生产的泥叫虎、摇猴、八仙等泥塑工艺品深受北京、上海等一线城市欢迎。同时，克服过度依赖传统制作方式，聘请机械制造技术人员，攻关泥塑生产专用冲压和黏土提纯设备，推动选土、制坯两个环节实现半机械化，生产效率提高了10倍以上。在内部管理和运行上，工坊建立原料供应、技术指导、质量标准、宣传推介、销售渠道、商标使用"六统一"制度，形成了完整的产供销链条，推动"家庭式小作坊"变成"家门口小工厂"。

聂家庄通过产、研、教、学等多形式并举，使聂家庄泥塑完成了从一块泥巴到一件作品，再到一个富民产业的华丽转身，村民也享受到了经济发展带来的成果，实现了非遗活态传承与乡村振兴。

2. 非遗与红色旅游融合发展：文化与经济协调共生的韶山样本

非物质文化遗产与旅游业发展具有天然的契合点，非遗为旅游景区增添了文化魅力，旅游业为非遗传承拓展了更广阔的空间。2023年2月，文化和旅游部印发的《关于推动非物质文化遗产与旅游深度融合发展的通知》中明确指出，"要牢牢把握非物质文化遗产保护传承和旅游发展的规律特点，在有效保护的前提下，推动非物质文化遗产与旅游在更广范围、更深层次、更高水平上的融合"。韶山是国家5A级旅游景区、首批国家全域旅游示范区。近年来，韶山依托独特的地理区位优势、自然景观、建筑风貌、风土人情，聚焦于红色主题，以"创新融合"为主路径，形成了"红色旅游+非遗传承"的产业融合路径。不仅极大地丰富了韶山红色旅游的消费内容，还通过红色旅游的市场化探索和商品化潜力，实现了非遗从传统文化向商品经济的转化。韶山对"非遗+旅游"的探索实践，为探讨如何协调文化与经济之间的共生关系，以实现两者协同发展提供了案例参考。

（1）红色旅游与非遗传统技艺的生活性融合

尽管部分游客可能对旅游目的地的特定非遗项目较为陌生，但其对游览与参观非遗景点和节事活动、接触与学习非遗传统技艺、烹饪与品尝当地非遗美食往往能产生好奇与向往。韶山是伟人故里、红色沃土，红色资源丰富，革命遗迹和历史文物众多，具有以毛泽东故居、毛泽东纪念馆、毛泽东铜像广场、滴水洞等为代表的系列著名红色旅游景点，为非遗和旅游融合发展提供了良好的基础。韶山山歌、韶山皮影、杨林木雕、编制扎制、铜像铸造工艺等饮食类、手工等传统技艺类非物质文化遗产均具有生活化和活态化的属性，这些非遗项目具有一定的群众基础，具备转化为文化旅游资源的内在条件，可以继续服务于群众丰富多彩的文化生活。以饮食类非遗为例，近年来，韶山充分挖掘韶山地方特色美食，开发"红色旅游+特产"，推广"一桌韶山美味佳肴"，研发"回乡宴"预制菜，设计制作韶山美食地图。在抓牢食品安全的同时，深耕饮食背后的红色文化内核，将家喻户晓的菜肴附上名人文化。每道家喻户晓的菜肴都根据历史记载的名人饮食习惯结合当地特色而定义，打造"一菜一故事"的美食品牌，让游客在尽情品尝舌尖上的美味的同时，通过线上展示和线下餐饮服务人员解说，沉浸式感悟韶山红色文化，不断丰富特色化饮食消费供给。2018年，"毛氏菜制作技艺"成功入选湖南省级非遗代表性项目。"毛氏菜制作技艺"主要是指韶山冲一带毛氏家族，在劳作生活中形成的传统菜肴制作工艺。"毛氏菜"包含毛氏红烧肉、香辣火焙鱼、地皮菌肉丸汤、红军得胜鸡、韶峰腊牛肉、剁椒鱼头等12道与毛主席的饮食习惯相吻合的菜品，代表着韶山乃至湘潭的历史。毛氏菜系中的毛氏红烧肉是毛主席的最爱，已成为享誉全国的湘菜品牌。韶山村毛家饭店在此基础上创新菜色、改良口味，在店面装潢上凸显红色文化氛围。不仅在大厅摆设了毛主席标准塑像，还以图文结合的形式展示与毛泽东有关的历史故事，以及韶山地方民俗和餐饮行业风貌，使韶山菜形成了一道独具湖湘风味特色的地方美食景观，来韶山品尝毛氏菜、参观"毛氏菜制作技艺"已经成为一种广受游客欢迎的标志性韶山旅游传统。

（2）提升村民的主体参与性，以"非遗+旅游"助推乡村振兴

其一体现为，韶山居民是新时代"韶山红色故事"的非遗传承主体，居民在非遗保护与传承过程中扮演至关重要的主体角色。韶山是毛泽东青少年时期生活、学习、劳动和从事革命活动的地方，一代又一代的韶山人用朴实无华的语言传颂着伟人毛泽东与乡亲们的故事，这些广泛流传于韶山民间的红色故事形成了韶山独特的红色文化现象。2021年12月，"韶山红色故事"被列入湖南省第五批省级非物质文化遗产代表性项目名录。[1] 这意味着非遗更好地回归到民间、扎根于社区、融入生活。"韶山红色故事"质朴纯真，充满着乡土气息，《韶山五杰》《毛泽东脱险》《种田好手》等作品都在韶山广为流传。"故事"以毛泽东求学、发动群众革命等现实事件及其领袖风采为中心建构，以

---

[1] 陈茜：《104项！湖南省第五批省级非遗代表性项目名录公布》，《潇湘晨报》2022年1月5日。

本地人文景观、名人遗迹、山川河塘等生活性内容，通过艺术性概括而付诸历史人物、事件之上，增强了人物、事件、景点的生动性，有利于人们深刻理解湖湘文化、韶山文化，建构文化认同，成为韶山红色旅游发展的补充资源。韶山村民从小就耳濡目染于家中长辈讲述的各种关于革命伟人的故事，从而形成了带有个人印记的红色故事讲述文本。在向行人游客叙述人物、刻画景物、阐述风俗时，字里行间蕴藏着浓厚的乡土情结、深情厚谊与憧憬愿望。景区导游多为附近具有本科学历的居民，本地居民亲切地讲解，使得以革命伟人为核心的家国历史通过展览场馆、伟人雕像、装饰景观等载体得以物质性呈现，提升游客对韶山红色革命历史的情感认同。为了推动非遗传承，韶山还选拔了一批"小小红色讲解员"，在各景区讲述红色故事，引导游客从一个个故事中走近伟人丰富的日常生活与情感世界，汲取到不断奋进的力量。

其二体现为，坚持政府与村民共建共享，以"非遗+旅游"助推乡村振兴。无论是发展红色旅游，还是推动非遗保护与传承，对当地村民而言，本质上都是为了追求更好的生活。近年来，韶山村充分发挥地处韶山核心景区的优势，深挖红色旅游资源，开发多元红色旅游业态，加强文创产品研发，推动了乡村振兴。在红色旅游发展的辐射带动下，韶山积极整合村集体闲置资产，推出了景区带村、能人带户、"公司+农户"、"合作社+农户"等多种有效的旅游扶贫模式，打造"求学之路""李家祠堂"等红色景点，建立"村党委+企业+群众+社会多元主体"的发展模式，强化了村民的就业支撑，实现了在全省率先消除绝对贫困。韶山市韶山村已有70%的村民参与到文化和旅游业发展中，村集体经济年收入达1148万元，人均年收入达3.5万元。旅游业带动城乡居民人均可支配收入增长达9.4%，全市小康社会总体实现程度达94.6%，提前实现全面建成小康社会目标。① 韶山村村民依托丰厚的红色资源，提振了地区经济，发展了旅游消费，打造了乡村振兴典范。

"非遗+文创"连接着传统与现代、文化与市场，是推动非遗传承市场下沉、扩大旅游目的地消费的重要手段。非遗产品大多为纯手工制作，产量小、定价高。为了更好地适应旅游消费需求，韶山市在非遗开发上采取将非遗产品一部分保持传统手工制作，另一部分采用工业化生产，打造不同层次的产品序列，满足游客不同层次的需求，从而带动当地旅游业发展。在传统手工制作方面，政府支持和鼓励"群众敢首创"，让广大群众在家门口实现就业致富。目前韶山村村民开设近200家民宿、餐饮门店和旅行社，开发纪念品、韶山村矿泉水、毛家食品等文创、旅游及农副产品30余款，形成一条红色文旅产业链。同时，以"绿色观光"为抓手，坚持文旅带农，发展村级合作社近10家，实现了村级集体经济收入大幅增长。在文创产品工业化生产方面，韶山专门成立了文化旅游商品公司以研发文创产品，将非遗技艺与红色精神、传统文化等要素共同融合于产品设计之中。至今为止，韶山文创产品涵盖精品、塑像、文化出版物等10大类，已拥有自主知识产权商品300多件，引入了制铜、玉雕、油纸伞等非遗技艺元素。产品通过"线上+线下"模式进行销售，通过消费市场向消费者传递非遗文化内涵，不断将韶山品牌的影响力转化为产业发展的生产力。

（3）"非遗+研学"推动红色旅游概念再深化

从非遗文化的角度来看，研学旅行与文化旅游具有内在契合度，发展非遗研学旅行是推进非物质文化遗产与旅游业深度融合的有效抓手。为了打破红色旅游面临的客源结构不均、产品过于单一、服务水平参差不齐等困境，近年来韶山积极发展

---

① 吴新春：《韶山村：文旅农融合打造乡村振兴典范》，《湘潭日报》2022年7月24日。

"非遗+红色研学",从产品端发力,将当地18处国家级、省级和市级文化保护单位串联成线,打造了一批红色教育现场教学点和拓展体验基地,并在课程方案、服务管理标准、安全保障等方面进行严格规范,为青少年在韶山接受红色文化和爱国主义教育创造良好的条件;另外,在非遗与旅游深度融合中注重现代化表达。探索在革命遗址、纪念物陈列等方面融入现代高科技元素,既保留红色旅游的教育意义,也提高红色旅游的趣味性。让韶山景区既成为重要的文化景观资源,也成为重要的非遗传承展示平台。

例如,位于韶山市红色记忆城内的中国(韶山)非物质文化遗产博览园(以下简称"韶山非遗博览园")采取"政府引导、社会参与、市场运作"的经营方式,充分整合湖南全省的非遗资源,采用实物展示、现场制作、高科技演示、互动体验等模式,用非遗展览带动项目产业化的运营,充分融合文化与旅游的协调发展,弘扬湖湘传统文化和红色文化,打造中小学生传统文化和爱国主义教育基地,国家级非物质文化遗产展示与研发、培训示范基地。作为湖南省唯一集中展示非物质文化遗产的场所,园区有118个国家级、200多项省级非遗项目,展厅内按非遗十大类别展示展演,内设12个展厅,其中互动体验场所8个、研学传习体验教室10个。园内的非遗大舞台日常展示展演曲艺戏曲类节目,每天进行着韶山山歌、花鼓戏、皮影戏等各种非遗表演,园内售卖的郴州银器、韶山毛氏菜系、毛公酒、岳阳岳州扇、岳阳甜酒、益阳竹纸伞等非遗文创产品销售火爆。韶山非遗博览园通过图片或实物展览、代表性传承人现场表演展示、观众亲身参与体验等形式,向广大游客展示了湖湘非遗的文化底蕴和丰硕成果,既有传统技艺的精深,也有大众参与的切口,实现了非遗研学由传统说教式地向游客传播红色文化向体验型、参与型转变,延伸了韶山红色旅游的文化空间。

韶山非遗研学旅游以非物质文化遗产作为载体，兼并红色文化的物质形态与精神形态，赋予非物质文化遗产新的红色文化内核，有力地补充了韶山较为单一的旅游产品形式，强化潜在传承主体对非遗保护的认知、理解和参与程度，推动湖南非遗的代际传承。

韶山市围绕习近平总书记"把红色资源利用好、把红色传统发扬好、把红色基因传承好"的重要指示精神，实施"红色旅游+战略"，推动红色旅游从单一参观型向集休闲体验、研学教育、非遗传播等于一体的综合型转变，让旅游的传播为非遗"活起来"开辟了新路径，使其不再是"束之高阁"的文字符号，也不再是"鲜有问津"的古老技艺，而是深入人们的日常生活，拥有了更多烟火气。

3. 循古而不泥古，潮汕英歌舞在创新求变中再次"破圈"

2023年春节黄金周期间，潮州全市接待游客285.3万人次，同比上涨44.1%，客流量远超历史同期"最高峰"。潮汕旅游异常火爆的背后，离不开当地一项国家非物质文化遗产——英歌舞的出圈。

2023年春节前，一段潮汕青年街头跳英歌舞庆新年的视频获得了巨大的流量与关注。据不完全统计，原视频点击量近两亿人次。从春节开年起，与英歌舞相关的话题和视频"霸屏"各大社交平台，观众随手拍摄上传的英歌舞视频轻松突破百万点击率，普宁英歌更是登上了央视荧屏，年仅五岁的英歌舞表演者"小时迁"刷屏网络、圈粉无数。连海外华侨组织跳起的英歌舞，都在当地引起了不小的轰动。让这一潮汕地区特有的国家级非物质文化遗产项目真正"火"到了大江南北。不少网友表示，虽然此前并未了解英歌，但依然能被视频中英歌舞表演所呈现的力量震撼，更有来自国内外的游客专程来到潮汕，只为一睹英歌舞的现场风采。

虽然英歌舞传统在潮汕地区绵延四百多年，但其走红是近年来才发生的事。重回大街和人们视线的英歌舞，在获得巨大流量和关注的同时，也引发了大家的思考：英歌舞为何能在春节档众多非遗民俗中"火出圈"，成为众人热捧的民间文艺？非遗如何活化创新才能赢得更多年轻人喜欢？

（1）"守艺人"坚守与创新传承，为英歌舞厚积薄发积蓄力量

在潮汕，英歌舞者历来被人们看作吉祥的化身，人们认为能参加英歌舞就是一种"好彩头"。英歌舞者作为一种英雄形象在群众心目中是根深蒂固的，这种融于血脉的文化认同，成为英歌舞传承至今的不竭动力。潮汕地区英歌舞表演随时可以找到这么多青年前来参加训练、表演，跟潮汕地方群众留守乡土的意识有很大关系。潮汕地区的长辈们，对年轻一辈关于本土民俗文化应该有教导，让年轻一辈在长期的耳濡目染中，增加了对家乡民俗的认同感。有了认同感，就会有更多年轻人把对乡土文化的热爱转化为建设美好家乡的动力。

1996年，汕头潮阳被文化部命名为"中国民间艺术之乡（英歌艺术）"。2006年，汕头潮阳英歌舞被列入中国首批非物质文化遗产名录。2019年11月，《国家级非物质文化遗产代表性项目保护单位名单》公布，汕头市潮阳区文化馆获得"英歌（潮阳英歌）"项目保护单位资格。在汕头市政府、老一辈非遗传承人对文化事业高度重视的基础上，经过多年的努力，英歌舞的内容和形式都在不断发展且已经达到了成熟阶段，潮阳每个镇都已经建立好高水准、高名气的表演队伍。由于传统英歌存在槌点变化少、表演时间冗长、动作单调、场面大同小异、流派特点不突出等问题，要想让英歌跳上更大的展示舞台、留住更多群众的心，就要求变。"棉北后溪英歌队"的领队、省级非物质文化遗产英歌传承人林忠诚与老一辈非遗传承人利用英歌舞参与人数众多、"舞"与"武"相结合的特点，

对英歌舞的动作进行了改进，将英歌舞古传下来的"7槌"套路进行大胆创新，改进后的英歌姿势变化多端、优美流畅，既有"雷打天惊"的气势，也有"清风明月"的巧思，成为更适合广场表演的新套式。英歌舞犹如再次"活"了过来，成为乡村街镇逢传统佳节、年丰喜庆、盛典剪彩、神游赛会不可或缺的开锣好戏或压轴节目，经常出现在日常的广场活动中，吸引了不少年轻人加入。不仅有青少年英歌队、女子英歌队、老年英歌队，就连幼儿园的孩子们也能耍上几个套式。

（2）非遗技艺进校园，发展"后继人"为非遗传承添活力

由于人们对于英歌舞大都出于兴趣，表演演员们往往只能利用工作、学习之余参加训练，难以保证练习、排练、参演的时间。长此以往，表演队伍时常面临着缺兵少将的情况。非物质文化遗产依托于人本身而存在，"活"文化中创造与运用的文化链的脆弱性也在于此。非遗的保护与传承不能只靠老一辈传承人的坚守，要使民间非遗项目拥有持久生命力，归根到底还是要培养好后继人才。学校教育传承，被人们称为文化遗产融入现代生活的极有影响力的方式。探索非遗进校园等机制，让孩子们从小接触非遗，激发兴趣，不失为一条培养后继人才的好路径。

因此，英歌舞应该在继承传统的基础上与时俱进，让非遗文化植根新一代，走进校园、焕发新活力。英歌舞就很适合在学校开展教学，因为学校里有体育、音乐、舞蹈课，有操场，也有教师资源。另外，英歌舞稍加改造，也可以编成适合在舞台演出的舞蹈。广东省"从娃娃抓起"，做好非遗文化传承，大力推行将潮汕英歌舞"舞"进校园。许多中小学、幼儿园积极培育新生代，开设培训班、融入课间操，组建英歌队，传统的英歌舞正在少年儿童间成为新时尚。既丰富了学生们的课余生活，也激发了大家进行体育锻炼的积极性。2017年，普宁市南山小学借助广东省在学校教育方面提出打造特色学校的契机，

将南山快板英歌舞作为特色教育项目来打造，组建南山少年英歌队，为普宁英歌非物质文化遗产的传承注入新鲜的血液与蓬勃的活力。2023年春节大火的"萌蛇小时迁"表演者陈楷铭就是南山英歌队的一员。"萌蛇小时迁"让更多人知道了普宁优秀的传统文化，也让大家看到了英歌这一美好非遗艺术的生生不息、代代相传。2023年4月，汕头市潮阳区文化广电旅游体育局重点推进英歌舞进校园工作，通过开展英歌舞线上授课、编排成歌曲及舞剧、进社区开展活动、与防诈骗等内容结合拍摄宣传片等，英歌舞文化进入千家万户，传播与传承真正落到实处，并与部分院校合作，切实加强潮阳英歌舞的研究，力求在理论方面进一步提升。在潮阳区，为进一步提高青少年对非物质文化遗产的认知度和参与度，汕头市潮阳区文光镇二小学开设英歌舞培训班，聘请后溪英歌队队员、市级传承人林芳武担任英歌舞主教练。自2022年9月以来，每班有45名学生参与英歌舞培训。春日暖阳下，在潮南区成田西岐学校的操场里，响起了短木槌对击的清脆声。一群充满青春活力的学生在老师的引导下，双手各持一根短木槌，踏着节拍，上下左右互相对击，灵活变换队形，尽情演绎梁山好汉勇往直前的英雄豪情。学校把西岐英歌舞和课间操结合起来，在创编英歌集体舞的时候，把具有当地特色、代表性的英歌舞元素进行了提炼、创新，形成一种适合学生学习和符合西岐特色的校园集体舞。在抓教育教学质量的同时，有计划地让学生在操练英歌舞中深入感受非物质文化遗产的艺术魅力。通过学习和了解英歌舞，把非遗文化传承发扬下去，并将团结拼搏、积极进取的精神融入学习生活中。目前，英歌舞已走进十几所学校，不仅是在大学校园里，在小学和幼儿园，各色少年英歌队也纷纷设立。英歌舞的传承形式逐渐丰富起来，掌握英歌表演技艺的人逐年增多，表演水平也让人赞赏。

（3）创新求变与时代同脉搏，"互联网＋"激活非遗生命力潮汕英歌自古便有"采九州之精华，纳四海之新风"之风范。据《潮阳县志》记载，"从明代开始，潮阳始有英歌"。英歌有籍可考的历史已有四百多年，传承发展至今充分展现出两大特性——创新性、包容性。"南舞北相"的英歌舞是农耕文化和海洋文化相互交织衍生出来的。中国非物质文化遗产保护中心的公开资料显示，潮阳英歌是汉族民间广场舞蹈和傩文化形态的延续，至明代吸收北方大鼓子秧歌，逐渐演化为英歌舞，成为潮阳地区一种具有独特表现形式的民间舞蹈艺术。英歌表演大都取材于梁山好汉故事，动作威猛阳刚、服饰色彩鲜艳、音乐热闹欢快。正是在不断的创新中，英歌从最初的动作简单、套路单一、阵型单调实现了向动作复杂、套路多样、阵型变化的转变，英歌服饰、道具的不断更新迭代也为观众带来了更好的视觉效果。如今的英歌舞招式更丰富，服装更漂亮，阵势更气派。不少地方的英歌舞已经开始结合现代街舞的形式，在舞蹈动作上稍作改良，让年轻人都能参与。

近年来，互联网和数字技术为非遗传承人搭建了走进千家万户的舞台，为非遗的保护传承和发展创新拓宽了路径。2019年9月，首部以英歌舞为主题的电影《英歌魂》登陆全国院线，影片将炫酷的街舞技巧与传统英歌舞元素巧妙融合，让大众重新认识英歌舞。在舞蹈明星的加持下，吸引了更多年轻受众的目光。英歌舞"爆火"，最直接的原因就是网络社交平台以及主流媒体的积极宣传。2020年4月，广东潮籍青年朱晓鹏以英歌舞为题材创作的手绘动画《英歌》先导片在网上获得超10万点击量，勾起了不少潮人的乡愁，也让英歌舞的魅力再次得以展现。2022年5月8日，腾讯视频出品的游历观察真人秀《新游记》第四期走进了广东省汕头市潮阳区，以艺人第一视角参与和体会到英歌舞神奇的魅力，体验并宣传中华传统民俗文化，是一份对当下生活具有留存意义的影像档案，让观众看到了各样的邻家生活，体会到了难得的烟火气。不仅让更多人关注到中国文化之美，也让更多人对英歌舞产生兴趣。2023年的大湾区春晚节目请了著名歌手腾格尔，他唱了潮汕话与普通话结合且夹带粤语的说唱摇滚歌曲《一身正气》，起到了锦上添花的作用。对潮汕人而言，英歌舞承载着当地丰厚的文化内涵，其热情奔放的舞姿、磅礴豪迈的气势，是对一代代潮汕人团结拼搏、勇往直前的精神面貌的充分展现。对非潮汕人而言，英歌舞展现的人民"团结、勇敢"精神风貌，表达了人们对美好生活的向往，英歌舞的出现弥补了这几年缺失的年味，是一种有仪式感的集体活动。这些因素使得这一地方文化传统迎来了一波复兴浪潮。

春节"破圈"让潮汕英歌赢得"中华战舞"的美誉，而端午"破圈"破的则是英歌舞种的"圈"，潮汕英歌融合现代街舞，令人耳目一新。2023年6月19日，《南方日报》发布了一条短片《法国街舞遇上中国战舞》，在百年历史的"岭南第一侨宅"陈慈黉故居，法国街舞"大神"卡卡（Rochka）融合Hiphop和Breaking，与汕头潮阳忠精英歌舞队、中国街舞团ZA-HA AIRMAN上演了一场沉浸式国潮展演，一招一式丝滑顺畅，毫无违和感。英歌的刚劲、威武、奔放，街舞的炫酷、时尚、自由，在创新和包容中完美融合、交相辉映，给人以中西会通、古今交融的震撼。最传统的潮汕英歌与深受各国年轻人追捧的街舞文化，实现了一场跨越时空的神奇对话。不光在社交平台引发热议，也在海内外引起了强烈共鸣。网友们纷纷感叹"国际街舞混搭国潮非遗，岭南文化火起来"，"民族的东西跟现代街舞融合，创意满满"。这次潮汕英歌通过"破圈"的文化传播，将中国味儿浓郁的英歌与国际范儿十足的街舞跨界融合，让潮汕英歌再次"火"了起来。这是新媒体时代下的一次机遇，更关键的是，英歌舞长期以来坚持的创新发展，为非遗活化的厚积薄发积蓄了巨大力量。

英歌舞的发展史，充分证明了中国传统文化具有蓬勃生命力。在许多传统文化日渐式微的今天,英歌舞也曾面临人走艺失的困境,但潮汕浓郁的传统文化氛围与非遗传人的创新,不断推动英歌舞从古老文化走向现代舞台,活跃在大众日常生活中,再次实现"破圈",成为名副其实的传统文化"活化石"。

参考文献

（一）著作

刘芹：《非物质文化遗产展陈设计策略：传统手工艺类》，上海交通大学出版社2022年版。

王巨山：《遗产·空间·新制序——博物馆与非物质文化遗产保护研究》，商务印书馆2018年版。

［德］哈拉尔德·韦尔策编：《社会记忆：历史、回忆、传承》，季斌等译，北京大学出版社2007年版。

（二）期刊论文

巴莫曲布嫫：《非物质文化遗产：从概念到实践》，《民族艺术》2008年第1期。

陈静、余昕：《欧洲城市的文化遗产保护实践与启示》，《建筑与文化》2020年第8期。

陈联记、王立军：《非物质文化遗产的商业化经营与开发原则》，《河北学刊》2020年第2期。

陈震、王一鸣：《非物质文化遗产保护中的文化空间弱化现象分析》，《原生态民族文化学刊》2022年第1期。

丁方、史蕊：《"一带一路"物质文化遗产的保存与修复研究》，《艺术百家》2017年第2期。

杜若飞：《基于数字技术的中国文化遗产保护与传播——以敦煌莫高窟为例》，《科技与创新》2022年第1期。

飞龙：《国外保护非物质文化遗产的现状》，《文艺理论与批评》2005年第6期。

付文军、王元林：《中国文化遗产中央直接管理的可行性分析》，《东南文化》2015年第3期。

高小燕、段清波：《传承与传播：物质文化遗产价值的可沟通性》，《人文杂志》2019年第2期。

高晓芳、乔芳琦：《中国物质文化遗产的特点与传播研究》，《社会科学战线》2015年第8期。

高晓芳：《中韩文化遗产管理比较研究》，《学习与探索》2015年第7期。

韩成艳：《"非物质文化遗产"概念的理论建设尝试》，《广西民族大学学报》（哲学社会科学版）2020年第2期。

黄蕊、李雪威、朱丽娇：《文化产业数字化赋能的理论机制与效果测度》，《经济问题》2021年第12期。

黄潇婷：《数字经济下旅游决策逻辑变化与重构》，《旅游学刊》2022年第4期。

黄永林、李媛媛：《新世纪以来中国非遗保护政策发展逻辑及未来取向》，《民俗研究》2023年第1期。

黄永林、余召臣：《技术视角下非物质文化遗产的发展向度与创新表达》，《宁夏社会科学》2022年第3期。

贾小琳、冯扬：《近三十年来我国文化遗产研究的知识图谱分析》，《西北民族大学学报》（哲学社会科学版）2022年第6期。

江小涓：《数字时代的技术与文化》，《中国社会科学》2021年第8期。

阚如良、汪胜华、梅雪：《非物质文化遗产的文化空间分级保护初探》，《商业时代》2010年第34期。

黎毅：《龙门石窟数字化的实践与探索》，《文物鉴定与鉴赏》，2019年第15期。

李敏等：《石窟寺文物的数字化保护与利用》，《遥感学报》2021年第12期。

李宁：《美国城市文化政策的实践及其经验启示》，《中共青岛市委党校·青岛行政学院学报》2019年第3期。

李志鹏：《文物保护修复理念溯源及其对文物修复技艺的影响》，《收藏》2023年第4期。

林德荣、郭晓琳：《让遗产回归生活：新时代文化遗产旅游活化之路》，《旅游学刊》2018年第9期。

林琰、李惠芬：《非物质文化遗产的保护机制与活化路径》，《南京社会科学》2023年第3期。

刘东亮：《非物质文化遗产传承人口述史的文化意义阐释——基于"文化记忆"的研究视角》，《高校图书馆工作》2021年第1期。

刘广辉等：《石窟寺数字化技术研究》，《测绘标准化》2015年第4期。

刘露：《多中心治理下的非物质文化遗产保护模式探究》，《西北民族大学学报》（哲学社会科学版）2018年第3期。

刘杨：《文化记忆理论视域下满族非物质文化遗产传承的思考》，《黑龙江民族丛刊》2022年第6期。

刘英杰、张银虎：《苏州大运河非遗文化融合大数据平台构建研究》，《当代旅游》2021年第9期。

罗文菁：《数字化文化遗产知识产权保护研究》，《造纸装备及材料》2023年第7期。

马知遥：《非物质文化遗产生存的困境解析》，《长春市委党校学报》2012年第2期。

马知遥、刘智英、刘垚瑶：《中国非物质文化遗产保护理念的几个关键性问题》，《民俗研究》2019年第6期。

孟颖、路炜峰：《故宫与卢浮宫数字博物馆信息化现状研究》，《明日风尚》2018年第16期。

牛志男：《努力建设中华民族现代文明　加强中华民族共同体建设》，《中国民族》2023年第6期。

潘梦琳：《乡村振兴背景下社区（生态）博物馆本土化路径初探——日本内生式乡村创生的启示》，《中国名城》2020年第4期。

青峥：《国外保护非物质文化遗产的现状》，《观察与思考》2007年第14期。

沈晓鹏：《从数字化到智慧化：博物馆的转型升级》，《上海艺术评论》2016年第6期。

施国庆、黄兆亚：《城市物质文化遗产的价值探析》，《特区经济》2009年第11期。

宋俊华：《非物质文化遗产概念的诠释与重构》，《学术研究》2006年第9期。

孙俊桥：《历史文化名镇保护的国际视野与中国经验》，《南京大学学报》（哲学·人文科学·社会科学）2023年第2期。

谈国新、何琪敏：《文化生态保护区旅游发展的实践模式与可持续路径研究》，《文化遗产》2022年第6期。

谭必勇、陈艳：《文化遗产的社交媒体保护与开发策略研究——基于"长尾效应"的讨论》，《情报科学》2018年第3期。

谭宏：《冲突与协调——中国非物质文化遗产名录制度的人类学反思》，《文化遗产》2016年第4期。

陶伟、蔡浩辉：《21世纪以来中国非物质文化遗产研究回顾：兼谈地理学可能的贡献》，《热带地理》2022年第1期。

王辉等：《美国国家公园志愿者服务及机制——以海峡群岛国家公园为例》，《地理研究》2016年第6期。

王韶菡、李尽沙：《体验原真与保护原真：文化数字化背景下的文化遗产可持续传承与综合利用》，《艺术设计研究》2023年第1期。

吴健：《石窟寺文物数字化的内涵——融学术、技术、艺术于一体》,《敦煌研究》2015年第2期。

吴倩、邓莉、王运彬:《文化遗产数字存储库资源建设实践研究与启示——以爱尔兰数字存储库为例》,《档案与建设》2022年第7期。

吴世文、杜莉华、罗一凡:《数字时代的媒介记忆:转向与挑战》,《青年记者》2021年第10期。

吴雨晗:《科技文化的有机结合在文化遗产保护中的应用——基于对敦煌文物的数字化的研究》,《中国市场》2023年第24期。

夏杰长、叶紫青:《共生理论视角下文化遗产与数字科技融合发展研究》,《行政管理改革》2023年第10期。

薛可、龙靖宜:《中国非物质文化遗产数字传播的新挑战和新对策》,《文化遗产》2020年第1期。

易玲、肖樟琪、许沁怡:《我国非物质文化遗产保护30年:成就、问题、启示》,《行政管理改革》2021年第11期。

尹凯:《生态博物馆在法国:孕育与诞生的再思考》,《东南文化》2017年第6期。

詹晨、李丽娟、张玉钧:《美国国家公园志愿服务管理经验及其对我国的启示》,《世界林业研究》2020年第4期。

张博:《非物质文化遗产的文化空间保护》,《青海社会科学》2007年第1期。

张朝枝、李文静:《遗产旅游研究:从遗产地的旅游到遗产旅游》,《旅游科学》2016年第1期。

张崇、刘朝晖:《遗产保护的"举国体制"与社会参与:从观念更新到行动逻辑》,《遗产与保护研究》2018年第3期。

张继焦、党垒:《文化遗产的保护和发展——基于中国与英国的经验启示》,《贵州社会科学》2019年第9期。

张建、吴文智:《文化产业驱动旅游经济的模式与国际经验》,《旅游学刊》2015年第8期。

张晓萍、李鑫:《基于文化空间理论的非物质文化遗产保护与旅游化生存实践》,《学术探索》2010 年第 6 期。

赵丽君:《财政支持非物质文化遗产保护与传承的建议》,《中国财政》2021 年第 5 期。

赵润:《日本有形与无形文化遗产保护制度的差异——以"有形文化财"与"无形文化财"的对比为例》,《自然与文化遗产研究》2022 年第 7 期。

赵姗姗:《文化遗产的法律保护:中日比较与本土选择》,《国外社会科学》2018 年第 6 期。

(三) 学位论文

高洁:《基于文化视角的中西文化遗产管理比较研究》,博士学位论文,山东大学,2021 年。

李峰:《非物质文化遗产展示叙事研究》,博士学位论文,中国艺术研究院,2021 年。

杨慧子:《非物质文化遗产与文化创意产品设计》,博士学位论文,中国艺术研究院,2018 年。

(四) 报纸文章

《全球首部 MR 导览电影落地三星堆,看背后黑科技如何重构"古蜀元宇宙"》,《重庆青年报》2022 年 5 月 5 日。

陈茜:《104 项!湖南省第五批省级非遗代表性项目名录公布》,《潇湘晨报》2022 年 1 月 5 日。

黄宙辉:《广东博物馆藏品数据库正式启用》,《羊城晚报》2023 年 5 月 6 日。

《部分低级别文物因持续大雨受损,山西积极探索解决之道》,《人民日报》2021 年 11 月 22 日。

王丽丽:《努力为保护文物和文化遗产提供更加坚强有力的司法服务和保障》,《人民法院报》2023 年 2 月 8 日。

吴新春:《韶山村:文旅农融合打造乡村振兴典范》,《湘潭日报》

2022年7月24日。

颜欢、王传宝、谢亚宏：《一些国家创新推进文化遗产保护与开发（国际视点）》，《人民日报》2023年8月8日。

张铮、朴政安：《数字技术焕活文化遗产传承创新》，《社会科学报》2023年9月14日。

张彦：《为文化创新插上科技翅膀》，《人民日报》2023年11月10日。

（五）网络文献

《良渚古城遗址"遗产大脑"发布　将实现遗产数据智能监测预警》，2020年11月5日，中国新闻网，https：//www.chinanews.com.cn/sh/2020/11-05/9331465.shtml。

《山西将出台"不可移动文物退出管理暂行办法"，已征求各市意见》，2021年10月18日，山西文物局网站，http：//wwj.shanxi.gov.cn/gzdt/sxxx/202110/t20211025_2864954.shtml。

《山西省文物局机关2023年4月政府采购意向》，2023年3月15日，山西省政府采购网，http：//wwj.shanxi.gov.cn/zwgk/zfxxgk/zdgkjbml/ztfl/zbgg/202303/t20230315_8156868.shtml。

《"十四五"我国将大力提升文物科技创新能力　力争文物科研人员数量增长25%》，2021年11月3日，央广网，https：//news.sina.com.cn/o/2021-11-03/doc-iktzscyy3433106.shtml。

《为低级别文物古建"遮风挡雨"！山西省探索利用政府一般债券保护低级别不可移动文物》，2023年7月18日，山西省文物局网站，http：//www.ncha.gov.cn/art/2023/7/18/art_1027_183020.html。

《与旅游深度融合，网上非遗传承就是这么"火"》，2023年6月26日，中国侨网，https：//baijiahao.baidu.com/s？id=1769733245812296393&wfr=spider&for=pc。

《国务院关于进一步加强文物工作的指导意见》，2016年3月8

日,中国政府网,https://www.gov.cn/zhengce/content/2016-03/08/content_5050721.htm。

(六)英文文献

G. Dost, "Technological Paradigms and Technological Trajectories: A Suggested Interpretation of the Determinants and Directions of Technical Change", *Research Policy*, No. 11, 1982.

H. Mytum, J. R. Peterson, "The Application of Reflectance Transformation Imaging (RTI) in Historical Archaeology", *Historical Archaeology*, Vol. 52, No. 2, 2018.

M. A. Zimmerman, "Psychological Empowerment: Issues and Illustrations", *American Journal of Community Psychology*, Vol. 23, No. 5, 1995.

W. Ying, S. Jia, W. Du, "Digital Enablement of Blockchain: Evidence from HNA Group", *International Journal of Information Management*, No. 39, 2018.

Z. Cai et al., "Joint Development of Cultural Heritage Protection and Tourism: The Case of Mount Lushan Cultural Landscape Heritage Site", *Heritage Science*, Vol. 9, No. 1, 2021.

后　　记

2023年10月，全国宣传思想文化工作会议上首次提出了习近平文化思想，突出了文化在党的理论创新中的重要地位，强调了"着力赓续中华文脉、推动中华优秀传统文化创造性转化和创新性发展"。文化自信源于历史传承与创新发展。文化遗产作为全人类发展进程中的瑰宝，具有重要的历史、艺术和科学内涵。党和国家高度重视文化遗产保护与传承工作。党的十九大将"加强文物保护利用和文化遗产保护传承"作为重要议题写进报告，体现了中国对历史文化传承的高度重视，对延续历史文脉、坚定文化自信，促进中华优秀传统文化的创造性转化和创新性发展，具有深远意义和重要价值。习近平总书记高度重视文物和文化遗产工作，从传承文化根脉、弘扬民族之魂的高度出发，还特别强调要"让更多文物和文化遗产活起来"。文化遗产保护与传承是当今世界文化领域面临的重大挑战和机遇。随着全球化和城镇化的加速，人们在追求现代化的同时，也面临文化多样性和传承的危机。如何保护和传承文化遗产，既是建设中华民族现代文明的重要内容，也是全球共同关注的热点问题。

作为国家高端智库机构研究文化旅游的学者，有责任直面文化遗产的理论与实践问题，围绕文化遗产保护与传承问题进行系统研究，围绕文化遗产保护与传承构建起规范的分析框架，形成学理化的思想表达和对中国经验普遍意义的科学阐释，为弘扬中华文明、赓续中华文脉和宣传阐释习近平文化思想作出应有的贡献。

本书围绕文化遗产保护与传承这个主题，通过实地调研、文献分析、国际比较和政策阐释，做了比较深入系统的研究，力求提炼文化遗产保护与传承的中国经验和中国理论，并提出相应的政策建议，为有关决策部门提供学理支撑和政策参考。

本书是中国社会科学院财经战略研究院应急项目"文化遗产保护与传承研究"和中国社会科学院甘肃国情调研基地的成果之一，是以中国社会科学院财经战略研究院学者为主体的集体成果。参加本书写作的有中国社会科学院财经战略研究院夏杰长、宋瑞、金准、杨明月，中国社会科学院大学叶紫青、刘睿仪，华东师范大学吴文智、刘诗逸，洛阳师范学院王鹏飞。本书思路框架和写作提纲由夏杰长、宋瑞提出。具体分工如下：宋瑞负责第一部分，叶紫青负责第二部分，叶紫青、夏杰长负责第三部分，夏杰长、刘睿仪负责第四部分，杨明月负责第五部分，吴文智、王鹏飞、金准、陈诗逸负责第六部分，刘睿仪负责第七部分。全书由夏杰长、宋瑞和金准修改定稿。中国社会科学院战略研究院领导及科研处负责同志为本课题研究提供了很多支持；甘肃省社会科学院领导及科研处很多同志为本课题在甘肃兰州、张掖、天水、敦煌、定西、会宁、临夏回族自治州的调研提供了很多便利，付出了很多心血；贵州社会科学院领导和科研处负责同志不辞辛劳，多次陪同课题组在贵阳、遵义、黔东南苗族侗族自治州等地进行实地调研，取得了大量第一手材料。对他们的支持和付出，我们表示衷心感谢。中国社会科学出版社的周佳编辑一直支持我们的智库研究报告出版工作，她认真严谨的精神和专业能力是本书高质量出版的重要支撑。

　　文化遗产保护与传承问题的研究，涉及面广，历史跨度长，专业性很强，我们深知要驾驭这样宏大的议题是一件很不容易的事情，我们的研究肯定有不少不尽完善之处，敬请学界和业界专家批评指正，我们也期待未来的研究中，把这个领域的研究推向新高度，取得新突破。

夏杰长　宋瑞　金准

2023 年 11 月 12 日于北京

夏杰长，中国社会科学院财经战略研究院副院长、研究员，中国社会科学院大学商学院副院长、教授、博士生导师。主要研究领域为服务经济与产业发展。兼任中国市场学会会长等。主持了多项国家社科基金重大、重点项目。出版多部学术著作，在《经济研究》《管理世界》《世界经济》《中国工业经济》《经济学动态》等期刊发表多篇学术论文，在《人民日报》《光明日报》等报刊发表多篇理论文章。论著多次获得省部级奖励。

宋瑞，中国社会科学院旅游研究中心主任，中国社会科学院财经战略研究院研究员，文化和旅游部"十四五"规划专家委员会委员，中国旅游研究院学术委员，世界旅游城市联合会专家委员会特聘专家，从事旅游产业、可持续发展和休闲研究。主持国家社科基金项目以及中宣部等委托课题20余项，先后在瑞典哥德堡大学、美国宾夕法尼亚州立大学从事访问学者，在《旅游学刊》及 Journal of Sustainable Tourism 等刊物发表大量学术文章，出版专著5本、译著7本。

金准，中国社会科学院旅游研究中心秘书长，中国社会科学院财经战略研究院副研究员，管理学博士，硕士生导师，世界旅游城市联合会专家委员会特聘专家，研究领域包括旅游产业政策、国际旅游比较等。主持国家社科基金项目及文化和旅游部等委托课题几十项，在《经济管理》《旅游学刊》等刊物发表大量学术文章，出版《世界旅游产业新格局与中国旅游强国之路》《"一带一路"与黄河旅游》等多部专著。